PARIS BIZARRE

www.parigramme.com

TEXTES ET PHOTOS
DOMINIQVE LESBROS

PARIS BIZARRE

CATALOGUE DÉRAISONNÉ DE CURIOSITÉS ET D'ÉTRANGETÉS

PARIGRAMME

SOMMAIRE

BIZARRE, adj.
Qui s'écarte de l'usage commun,
qui surprend par son étrangeté; insolite.
Qui s'écarte du bon sens, dont
le comportement est anormal.
Qui prend ses distances
avec l'ordre habituel des choses.

PRÉFACE

«Le diable est dans les détails», rappelle l'adage nietzschéen. De là à dire que Paris est une ville diabolique, il n'est qu'un pas… Ce pas, c'est celui de Dominique Lesbros, insatiable arpenteuse du pavé parisien. Paris est son terrain de jeu, son labyrinthe, son rébus. Depuis des années, elle n'a de cesse d'en décrypter les arabesques, toujours en quête de l'invisible.

Caryatide singulière, échoppe méconnue, plaque entraperçue, porte à pousser, jardin à conquérir, son herbier est riche de trésors qui balance entre l'étrange et le cocasse, l'atypique et l'inquiétant. Chevauchant sa bicyclette, Dominique Lesbros tend l'index et chuchote « Suivez-moi ». Comme Alice, elle nous entraîne de l'autre côté d'une ville qu'on croit trop bien connaître et nous en montre la doublure. Ici tout est affaire de curiosité, de patience et de regard. Voilà si longtemps que vous passez devant ce porche, ce muret, cet immeuble, sans y prêter la moindre attention. Votre œil y glisse comme le charcutier dans le saindoux. Heureusement, Dominique est là, éveillant notre conscience à la réalité d'une ville qui va bien au-delà de ce qu'on croit savoir d'elle.

Dans le présent volume, elle explore les bizarreries d'un Paris-charade, avec la même acuité que dans ses précédents ouvrages. Ses balades dansent sur la ligne de crête entre le rêve et la réalité, au point que l'on doute parfois d'être toujours à Paris. Et c'est là sa force!

Pour tricoter un nouvel adage, démarquons Chardonne et proclamons que, grâce à Dominique Lesbros, *Paris, c'est beaucoup plus que Paris*. Son « système D » nous apprend à regarder autrement. Par le biais de ses livres, elle nous fait la courte échelle. Et Paris s'offre à nous, telle une corne d'abondance… ou une boîte de Pandore!

Nicolas d'Estienne d'Orves

© G. ESPOSITO-FARÈSE

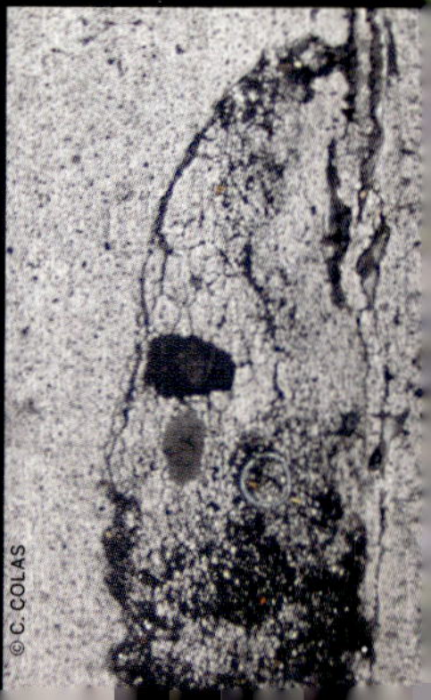
© C. COLAS

VOUS AVEZ DIT « BIZARRE » ?

Dans *bizzarro,* l'italien voit ce qui est «capricieux, emporté» tandis que l'espagnol *bizarro,* qu'on peut traduire en «brave, vaillant», est plus vertueux. Le français contemporain ajoute au vocable une touche d'étrangeté: ce qui est «bizarre» est anormal, biscornu, cocasse, curieux, ésotérique, étonnant, excentrique, incompréhensible, original, paradoxal, saugrenu, singulier…

Reste à savoir si l'on peut encore être surpris aujourd'hui. La quête quotidienne de l'insolite est pour beaucoup un mode de vie. Direz-vous le contraire, vous qui tenez ce livre entre vos mains? Siroter un cocktail dans un *speakeasy,* courir les spots éphémères, gratouiller la terre sur le toit d'un gymnase… sont autant d'expériences partagées par des milliers d'initiés. Voilà qui donne envie de déplacer d'un cran le curseur de l'insolite. Promesse qu'on s'efforcera de tenir entre ces pages: vous attendent des lieux où la normalité n'est pas de mise, des initiatives un peu barrées ou sévèrement perchées, des cercles un tantinet cintrés et des superstitions bien vivaces.

En 13 chapitres (évidemment!), l'ouvrage traque sous un angle très orienté la curiosité sous ce qu'elle a de plus incongru. Au grand bazar du bizarre, les époques se télescopent et une typologie s'esquisse, qui distingue le produit de circonstance de celui relevant de l'erreur ou de la maladresse humaines, la fabrication visant à se distinguer du fruit du hasard. Ces anomalies et irrégularités ont la vertu de rendre la ville plus surprenante et donc plus supportable, vue à travers le filtre du bizarre.

Comment mieux entamer cette tournée qu'en troquant votre vieux plan du métro contre celui, officieux et déconcertant, reproduit ci-contre? Gilles Esposito-Farèse, chercheur en physique théorique, est l'auteur de cet exercice anagrammatique, parfait sésame d'un Paris déroutant.

1

RITES, CROYANCES & SUPERSTITIONS

À CHAQUE PROBLÈME, SA SOLUTION

Des pratiques anciennes liées à un monument, une statue ou une sépulture survivent, résistant au temps et au rationalisme. On s'y adonne par fétichisme, par habitude ou par jeu pour résoudre un problème de santé, atténuer une peine de cœur ou favoriser un succès.

1

Réussir un examen

En matière de tutorat, la statue de Montaigne ▶**1** a fait ses preuves. Le candidat à un examen mettra toutes les chances de son côté en touchant le pied droit du philosophe tout en l'apostrophant sans façon: «Salut, Montaigne!» La statue était à l'origine en marbre et sa savate si souvent sollicitée que les services d'entretien de la Ville ne cessaient de la restaurer. Décision fut prise en 1933 de la remplacer par une copie en bronze, moins altérable.

Place Paul-Painlevé, 5e

Convaincre une assemblée

Avant de gravir l'escalier menant à l'hémicycle, les sénateurs ont pour habitude de caresser les fesses d'une statue ▶**2** à la pose ambiguë, à la fois prude et indécente. Leurs élans oratoires y gagneraient en éloquence. La fréquentation de cette allégorie de la pudeur est malheureusement l'apanage des seuls législateurs.

15 rue de Vaugirard, 6e

2

3

Faire salle comble

Ne vous avisez pas de souhaiter «bonne chance» aux gens du spectacle, cela porte malheur. «Merde!» sera en revanche très apprécié. Cet usage s'est répandu dans la première moitié du XIXe siècle. À cette époque, les spectateurs se faisaient déposer en calèche au théâtre ou à l'opéra ▸**3**, halte au cours de laquelle les chevaux attelés en profitaient pour lâcher leur crottin. Une copieuse garniture présente sur la rampe d'accès annonçait une salle comble. Les superstitieux s'abstiendront de répondre «merci!», sous peine de faire capoter le vœu.

Recharger ses batteries

Une légère baisse de tension? Poussez donc la porte de l'église Saint-Séverin et longez le déambulatoire jusqu'à la colonne axiale à nervures torses. Près d'elle se trouve un puits (vitré) ▸**4** qui était à l'origine dans une rue à l'extérieur de l'église et s'est vu englober dans l'édifice lors d'un agrandissement pratiqué au XVe siècle. Posez vos mains sur la colonne, au niveau des parties noircies ▸**5**, et appliquez votre front sur la torsade centrale. Un flux d'énergie en lien avec le puits est censé se manifester au bout de quelques instants, sous la forme de picotements dans les mains, puis dans les bras.

1 rue des Prêtres-Saint-Séverin, 5e

4

5

Puiser la force d'un arbre sacré

En raison de la couleur rouge de sa sève qui coule abondamment quand on entaille l'écorce et rappelle le sang des martyrs, l'orme est un arbre sacralisé depuis l'aube du christianisme. Il y avait au Moyen Âge, dans tous les villages de France, un orme devant les églises, les maisons seigneuriales et les

carrefours. Plus qu'une tradition, c'était devenu en 1605 une obligation, dictée par Sully, ministre d'Henri IV. On s'y retrouvait pour rendre justice, parler affaires et régler ses créances, d'où l'expression « Attendez-moi sous l'orme ». À Paris, celui de Saint-Gervais ▸**6** était le plus populaire. Il est si solidement enraciné dans l'histoire de la ville que l'on ne conçoit pas le parvis de Saint-Gervais sans lui. Un nouveau sujet est planté quand le tenant du titre décline (l'arbre actuel a été planté en 1936). Les initiés savent qu'il suffit de toucher son écorce ou d'enlacer son tronc pendant quelques minutes pour bénéficier de son magnétisme. Ils l'assurent: on se sent ensuite gonflé à bloc, les chakras grands ouverts.

Place Saint-Gervais, 4ᵉ

Devenir millionnaire

Aurez-vous le cran de passer une année entière nuit et jour enfermé dans le caveau de la famille Demidoff ▸**7**, le plus grand mausolée du Père-Lachaise? Il vous sera permis de vous faire livrer des repas, de lire et de vous dégourdir les jambes à l'extérieur du caveau mais pendant une heure seulement, avant l'aube. Si ces conditions vous agréent, vous recevrez à l'issue de la mission l'intégralité de la fortune d'Élisabeth Demidoff, la comtesse russe décédée en 1818, à qui vous aurez tenu compagnie. Depuis la divulgation à l'échelle internationale de ce curieux testament au XIXᵉ siècle, des centaines de candidats se sont portés volontaires. Le plus endurant a tenu trois semaines avant que la folie ne l'emporte.

Cimetière du Père-Lachaise (19ᵉ div.), 8 boulevard de Ménilmontant, 20ᵉ

S'assurer bonheur, chance et vigueur

Pour une recharge énergétique express, rendez-vous sur la tombe du docteur Gérard Encausse, alias Papus ▸**8**, mage blanc surnommé le

8

«Balzac de l'occultisme», «désincarné» en 1916. Placez-vous à l'arrière de la croix, posez le front au centre de celle-ci et tendez vos bras à l'horizontale. Ignorez les regards perplexes d'éventuels passants et laissez votre corps se remplir d'énergie positive. Papus aurait été victime, dit-on, d'un envoûtement concocté par un rival jaloux que l'on suppose être Raspoutine. Beau joueur, il aurait murmuré avant de rendre l'âme: «C'était du bon travail.»

Cimetière du Père-Lachaise (93e div.), 20e

Exaucer n'importe quel vœu

La palme de la polyvalence revient à Allan Kardec dont la tombe est la plus fleurie du cimetière du Père-Lachaise. Et pour cause! Le père du spiritisme aurait initié, de son vivant, le rituel suivant: «Après ma mort, si vous passez me voir, posez la main sur la nuque de la statue qui surplombera ma tombe puis faites un vœu. Si vous êtes exaucé, revenez avec des fleurs.» L'abondance de ces dernières témoigne de l'efficacité du procédé. Certains prennent soin d'inscrire leur requête sur un bout de papier maintenu avec une bougie, au cas où les mots chuchotés s'envoleraient trop vite. Le mausolée-dolmen ▸**9** est considéré comme une véritable porte vers l'au-delà. Les voyants et adeptes de divers courants spirituels du monde entier viennent s'y charger en fluide médiumnique. Ils restent parfois des heures en contact avec le «maître», embrassant son buste, son nez en particulier, ou y posant leurs mains ou un objet quelconque pour les magnétiser. Au dos de la tombe, une «recommandation au public» condamne ces pratiques «d'un autre âge».

Cimetière du Père-Lachaise (44e div.), 20e

9

Soigner une peine de cœur

Pour gagner l'amour d'un être cher ou trouver une issue à une histoire a priori impossible, adressez-vous à Héloïse et Abélard. Le couple en connaît un rayon en matière de passion contrariée. Abélard était un professeur de rhétorique hébergé en 1116 chez le chanoine Fulbert. Celui-ci avait une nièce, Héloïse, avide d'érudition. Ils s'éprirent l'un de l'autre, au grand déplaisir du chanoine. L'histoire finit mal pour Héloïse qui embrasse la vie monastique et pour Abélard qui subit une castration. Les amants – ou du moins leurs restes – furent cependant réunis, tardivement, dans un même tombeau ▸**10**. Il est d'usage de les solliciter après avoir déposé une rose rouge sur chacun de leurs gisants (*via* un habile lancer par-dessus les grilles protectrices).

Cimetière du Père-Lachaise (7e div.), 20e

Stimuler une fertilité défaillante

Les femmes en mal de procréation apposent leurs mains sur le bas-ventre du gisant de Victor Noir, à qui l'on prête des vertus de fécondité. L'assassinat de ce jeune homme à la veille de son mariage, en 1870, suscita une vive émotion populaire au creux de laquelle un culte érotique fit son lit. La statue exécutée par l'artiste Jules Dalou ▸**11** représente Victor juste après sa mort: chemise chiffonnée, plaie béante, bolivar retourné près de

lui… Beau gosse, il ne laisse pas de «bronze» et certaines dames se prêtent à rêver d'un compagnon à son image. C'est pourquoi l'on croise aussi près de sa tombe des visiteuses en quête d'amour.

Cimetière du Père-Lachaise (92e div.), 20e

Doper sa virilité

Miss Barbedienne est aux messieurs ce que Victor Noir est aux dames: une sorte de Viagra sans ordonnance, à la fois remède à la stérilité et catalyseur de rencontres amoureuses. «Miss Barbedienne» est le surnom d'une statue en bronze grandeur nature, assise sur la tombe du fondeur Ferdinand Barbedienne ▶**12**. Le lustre de sa poitrine totalement dénudée témoigne d'attouchements fréquemment répétés. Vœux sincères ou simple pulsion, c'est selon.

Cimetière du Père-Lachaise (53e div.), 20e

Améliorer sa vue

Pour soulager des troubles de la vision, allez rendre visite à Rufina Noeggerath, alias Bonne Maman, morte en 1908 à l'âge de 87 ans. La dame qui fut l'«apôtre du spiritisme et de la paix universelle» doit son surnom à sa bonté légendaire. Pour bénéficier de son aide, il suffit de prélever une feuille sur l'une des plantes fleurissant sa tombe ▶**13** et de la passer sur ses yeux. Bonne Maman ne limite pas ses remèdes aux cataractes, glaucomes et autres presbyties; elle se révélerait aussi très efficace pour consoler de la solitude ou aider à passer le cap d'un veuvage.

Cimetière du Père-Lachaise (94e div.), 20e

Soulager des maux de jambes

Le sieur Gabriel Delanne, décédé en 1926, membre du club des spirites défunts du Père-Lachaise et proche voisin d'Allan Kardec, a pour spécialité *post mortem* la

14

guérison des membres inférieurs. Sans doute regrette-t-il de n'avoir pu, de son vivant, exercer son fluide sur sa propre personne, une paralysie douloureuse ayant accompagné sa fin de vie. Sa tombe ▸**14** est toujours abondamment fleurie par ses disciples.

Cimetière du Père-Lachaise (44e div.), 20e

Guérir de tout

Telle était la promesse associée au buste d'Auguste Henri Jacob, fameux zouave guérisseur. À la Belle Époque, cet ancien militaire dispensait son fluide magnétique par l'imposition des mains et surtout par le biais de ses yeux. «Par la puissance de mon regard je guéris les malades sans connaître leur maladie», disait-il. À sa mort, en 1913, on posa sur sa tombe un buste au regard perçant, troublant, hypnotique. Il était d'usage de formuler son vœu de guérison en le fixant droit dans les yeux avant de toucher son torse, côté cœur. Ces pratiques ont cessé net après la disparition du buste en 2015, volé comme beaucoup d'autres objets funéraires en bronze ou en cuivre du cimetière. En son absence, les sollicitations adressées au théurge guérisseur se poursuivent autrement, comme le montrent les cailloux disposés sur sa tombe ▸**15**.

Cimetière de Gentilly (23e div., allée du Sommet), 7 rue Sainte-Hélène, 13e

15

S'assurer un service à la carte

Marie-Anne Lenormand, surnommée la «sibylle du faubourg Saint-Germain», était à Napoléon Ier ce qu'Élizabeth Teissier était à François Mitterrand. Oracle du Tout-Paris, l'habile cartomancienne vit défiler plusieurs régimes politiques. Les praticiens

des arts divinatoires considèrent Miss Lenormand comme la plus grande voyante de tous les temps. Pour gagner en extralucidité, certains viennent, les soirs de pleine lune, cacher leur jeu de tarot dans un recoin de sa pierre tombale ▶**16** avant de le récupérer le lendemain. Si l'on n'est pas de la profession, on peut néanmoins faire appel à la pythie: pour une peine de cœur, prière de déposer sur la tombe un as de cœur; un as de trèfle pour un vœu de réussite; un as de pique pour une rentrée d'argent; un as de carreau pour avoir des nouvelles de quelqu'un.

Cimetière du Père-Lachaise (3e div.), 20e

Faire fortune mais pas que...

La sépulture de la famille Davillier ▶**17** s'agrémente d'un groupe en fonte représentant le Christ en bon berger, entouré d'agneaux. Elle porterait remède à divers problèmes de bourse. Certains viennent y formuler un vœu de richesse, prenant pour caution la prospérité financière de cette dynastie comptant un régent de la Banque de France, un banquier, un capitaine d'industrie... Glisser un ticket de loterie sous un caillou posé sur la tombe donnerait ainsi un coup de pouce à la providence.

Mais c'est une tout autre fortune que viennent chercher ceux qui frottent leurs parties intimes contre le museau des moutons... avec l'espoir de résoudre des difficultés d'ordre sexuel. Une légende s'ajoute à ces deux pratiques: il existerait quelque part en France un semblable monument funéraire et quiconque verrait les deux mausolées jumeaux la même année mourrait avant le 31 décembre.

Cimetière du Père-Lachaise (40e div.), 20e

18

Tenir la poisse à distance

En 1832, une épidémie de choléra fit à Paris 19000 morts dont 300 dans la seule rue de la Mortellerie. Persuadés que ce nom leur avait porté malheur, les riverains demandèrent par pétition que la rue soit débaptisée. Elle devint rue de l'Hôtel-de-Ville (4e) ▸**18**. Le chiffre 13, patate chaude de la numérotation, posa problème à maintes reprises. Quand la capitale annexa les villages environnants, en 1860, on passa de 12 à 20 arrondissements. Ceux-ci devaient initialement être numérotés, comme la douzaine précédente, de gauche à droite et de haut en bas. Le numéro 13 aurait donc dû échoir à l'actuel 16e arrondissement. Inconcevable pour les Passyssiens et les Auteuillois. Jean-Frédéric Possoz, maire de Passy, sauva l'honneur. Il réussit à convaincre Haussmann de numéroter les arrondissements en suivant une spirale, depuis le cœur de la cité jusqu'aux faubourgs. Dans la même (dé)veine, certaines rues n'ont pas de numéro 13 (remplacé par un 11 bis). C'est le cas du boulevard du Palais, des rues Blomet, des Ursulines, du Faubourg-Saint-Honoré...

19

Trouver une place de parking

Pour éviter de tourner longtemps autour d'un pâté de maisons en quête d'une place de parking, sollicitez fermement saint Expédit ▸**19**, patron des causes impossibles. Il est surnommé par les Antillais «le Ti Bon Dieu» tant il est performant. Vous en doutez? Tant pis pour vous. Mieux vaut n'être pas trop nombreux à connaître le truc. L'église de la Madeleine est la seule à posséder une statue du saint, reléguée dans une chapelle située en sous-sol, uniquement ouverte le soir. Heureusement, il n'est pas nécessaire de se prosterner à ses pieds ; une demande pressante au débotté, les mains sur le volant, fonctionne très bien.

© G. THOMAS
20

Se prémunir d'un accident de chantier

Sainte Barbe, martyrisée au IIIe siècle et vengée par la foudre divine, est la patronne protectrice des architectes, des pompiers, des géologues, des mineurs, des égoutiers et de toutes les professions de près ou de loin liées au feu (artilleurs, démineurs, artificiers…). Quand s'amorce un chantier souterrain, les ouvriers ne manquent pas deplacer sur le site, à l'abri dans une niche, une statuette de sainte Barbe. Elle accompagne ainsi les grands travaux du métro et aura fort à faire dans les années qui viennent. Les galeries de la rive gauche sont aussi sous sa protection, comme en témoigne cette statuette ▸**20**, sous l'hôpital Cochin.

S'adonner au vaudou

Mélange de rites animistes africains et de croyance monothéiste, le vaudou préconise de « s'adresser aux dieux plutôt qu'à Dieu ». Les dieux en question peuvent être des génies païens, des plantes aux pouvoirs magiques ou des saints catholiques. C'est pourquoi les « maraboutiques » ressemblent à des bazars ésotériques multiconfessionnels où s'enchevêtrent icônes chrétiennes, amulettes musulmanes, statuettes indiennes, talismans bouddhistes et aphrodisiaques universels. Pratique pour qui y adhère, le vaudou permet de résoudre à peu de frais tous les problèmes du quotidien. Il souffle les réponses aux examens, donne du courage pour négocier une augmentation, ramène la doudou dans le lit conjugal ou fait chuter un rival. À condition de bien choisir

21

sa lotion: Cervelle, Ce que Femme Veut, Pas Kité Moi, Baume Juan Conquistador, Graine de zizanie... Chez AAA ▸**21**, les lotions sont alignées par ordre alphabétique de vertus. Mabel 62 propose des packs prêts à l'emploi (rituel de désenvoûtement, attraction d'un être aimé...) ainsi que des bougies et encens répondant à divers tracas: mari trop jaloux, rivale trop présente, client trop rare, promotion trop lente...

AAA, 88 bis rue du Faubourg-du-Temple, 11e • Mabel 62, 62 boulevard Barbès, 18e

L'exorcisme, ultime recours

Par la voie de leurs sites Internet, les gourous du Paris occulte conseillent à ceux et celles qui s'estiment possédés par le démon de pousser la porte de l'église Saint-Eustache et de se diriger vers la chapelle Saint-Pierre l'Exorciste (à gauche en entrant, près de la crypte Sainte-Agnès) ▸**22**. Là se dérouleraient de discrets rituels censés mettre fin au problème, pratiqués par des exorcistes non mandatés par le clergé et non inscrits aux Ordos diocésains (annuaires ecclésiastiques officiels). L'Église catholique de Paris dément et condamne ces rituels dissidents, qu'ils aient lieu à Saint-Eustache ou ailleurs. Elle prend néanmoins la question très au sérieux, comme en témoigne l'existence d'un service de l'Exorcisme. Au sein de la paroisse Notre-Dame-du-Perpétuel-Secours, l'accueil Saint-Michel, une équipe composée de laïcs et de religieux, étudie et oriente avec sérieux les demandes d'exorcismes et de désenvoûtements.

Notre-Dame-du-Perpétuel-Secours, 6 bis rue René-Villermé, 11e • Église Saint-Eustache, 2 impasse Saint-Eustache, 1er

Ces chers disparus

Bien qu'elles aient quitté leur enveloppe charnelle, des personnalités continuent à être visitées et sollicitées par une foule d'admirateurs. L'adoration vire parfois au culte. Pour preuves, ces tombes faisant l'objet de pèlerinages fervents, voire de rituels insolites.

Un baiser pour Oscar

Wilde serait ravi de voir qu'aujourd'hui encore il dérange. Ou plutôt sa tombe. La stèle qui domine sa dalle funéraire, sculptée par Sir Jacob Epstein, fut dès son érection, en 1909, objet de scandale. Elle représentait un sphinx ailé (allusion au poème « La Sphinge ») dont les traits étaient ceux du dramaturge. La créature était pourvue d'un sexe provocant qui choqua tant les esprits de l'époque que l'administration du cimetière recouvrit le monument d'une bâche jusqu'en 1914. En 1961, deux touristes britanniques l'émasculèrent à coups de pierres. Dans les années 1990, une mode apparut, sans que l'on sache comment ni pourquoi, consistant à imprimer sur le granit de la sépulture l'empreinte d'un rouge baiser ▶**23**. La pierre fut tant et tant bisouillée que les graisses et les pigments l'attaquèrent en profondeur. Depuis son nettoyage en 2011, des plaques vitrées l'isolent des lèvres fardées.

Cimetière du Père-Lachaise (89e div.), 20e

Un chewing-gum pour Jim

La tombe de Jim Morrison ▸**24-25** fait l'objet d'un véritable culte païen. Couverte de graffitis et de poèmes, c'est un lieu de pèlerinage d'où s'élèvent fréquemment quelques accords de guitare, avec des pics d'affluence les 3 juillet et 8 décembre (dates anniversaires du décès et de la naissance du leader des Doors). Pour le trentième anniversaire de sa mort, ses fans étaient au nombre de cinquante mille. Ils sont aujourd'hui tenus à distance par des barrières car leurs hommages peu conventionnels sous forme de mégots, graffitis, bouteilles de whisky et chewing-gums mâchouillés tendaient à s'étendre sur les concessions voisines.

Cimetière du Père-Lachaise (6e div.), 20e

24

25

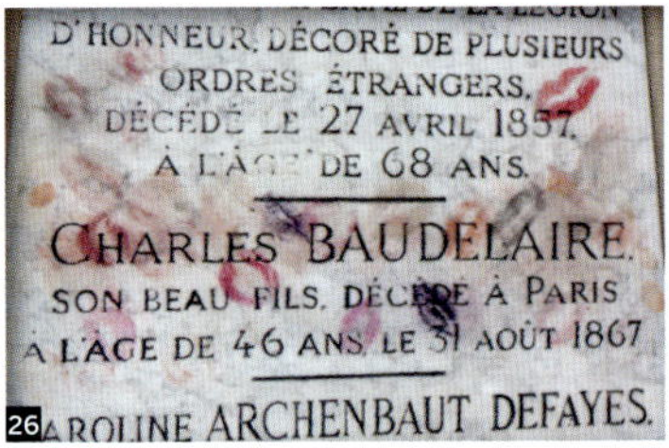

26

Des messages pour Charles

La tombe que Charles Baudelaire partage avec sa mère et son beau-père détesté, le général Aupick, fait l'objet de nombreuses visites d'admirateurs, souvent en souffrance, qui trouvent du réconfort dans la lecture du poète maudit et le lui font savoir. La dalle ▸**26** est jonchée de petits mots écrits en différentes langues (ourdou, japonais...). Certains sont pliés en six et glissés dans les fissures de la pierre, à l'arrière de la stèle. De quoi faire blêmir de jalousie Marcel Proust ou le couple Sartre-Beauvoir, qui reposent non loin et n'en ont pas autant.

Cimetière du Montparnasse (6e div.), 3 boulevard Edgar-Quinet, 14e

Un ticket pour Serge

Des choux en pot, des tickets de métro et des briquets ornent la tombe de Serge Gainsbourg ▸**27** et la maison (qui se visite désormais) qu'il habita de 1969 à sa mort en 1991 se reconnaît entre mille dans la sage rue de Verneuil ▸**28**. Sa façade est entièrement couverte de graffitis laissés par des fans, qui n'ont pas attendu pour cela

28

27

le décès du fumeur de Gitanes. Cela faisait sourire Gainsbarre mais agaçait prodigieusement le voisinage exigeant un nettoyage régulier des inscriptions.

Cimetière du Montparnasse (1re div.), 14e • 5 rue de Verneuil, 7e (visite sur réservation)

Une patate pour Antoine-Augustin

Sur la tombe d'Antoine-Augustin Parmentier ▶**29**, vulgarisateur de la pomme de terre au XVIIIe siècle, trônent en permanence quelques tubercules. Qui donc les dépose en prenant soin de les renouveler régulièrement ? Des adorateurs de *french fries* ? Des adeptes de la purée ou du hachis parmentier ? Peut-être… Pour sûr, des membres de diverses sociétés (agronomes ou pharmaciens militaires) se chargent d'entretenir et d'honorer sa sépulture. Le parterre qui entoure cette dernière est parfois orné d'un feston de plants de pommes de terre.

Cimetière du Père-Lachaise (39e div.), 20e

29

Guichets ouverts sur l'au-delà

Qui pourrait assurer qu'il n'aura jamais besoin d'un kit de désenvoûtement, d'un pontifical petit format, d'une Larme d'éléphant blanc ou d'une baguette de sourcier ? En cas de nécessité...

Institut métapsychique international (IMI)

Placé sous la tutelle du ministère de l'Intérieur, l'IMI est une fondation reconnue d'utilité publique, unique en France, qui existe depuis 1919 et se consacre à l'étude scientifique des phénomènes paranormaux ▶**30**. L'institut se veut une alternative rationnelle aussi bien aux dérives de la crédulité qu'aux excès du scepticisme. Sa devise : « Le paranormal, nous n'y croyons pas, nous l'étudions. » Celieu est l'un des plus discrets de Paris. On y croise des machines à traquer les fantômes, des moulages d'extoplasmes, une collection de peintures médiumniques, de clés et de fourchettes tordues, des détecteurs de champs magnétiques... Des chercheurs traquent depuis un siècle des phénomènes inexpliqués. Les travaux en cours portent sur la télépathie, laclairvoyance, la précognition... Ily a aussi une cellule d'orientation et desoutien aux PSSE (les Personnes Sensibles aux Expériences

30

Exceptionnelles). Pour y pénétrer, inscrivez-vous au groupes d'échanges sur les expériences exeptionnelles ou aux conférences.
51 rue de l'Aqueduc, 10e • metapsychique.org

Maison de la radiesthésie

Quand il s'agit de se procurer une boule de cristal, un pendule Osiris, un oracle Belline, une planche oui-ja, une baguette de sourcier, des runes, un fumage de

31

purification... les spirites, médiums et magnétiseurs s'approvisionnent à la Maison de la radiesthésie ▸**31**. L'ancienneté de l'officine, créée en 1925, atteste son sérieux. Bien loin des « maraboutiques » foisonnantes et intimidantes *(voir p.21)*, l'espace est ici aéré et le conseil facilement donné. On vous explique avec pédagogie la différence entre un oracle et un tarot et l'on apprend que les arts divinatoires ne sont pas épargnés par les modes. Celle du moment met à l'honneur elfes et brownies, ces génies du foyer issus du folklore écossais. Le cours est interrompu par l'arrivée d'une cliente en quête d'un « pontifical petit format » et d'une « bougie dorée ». Rupture de stock de cette dernière, très appréciée pour sa vertu de protection universelle.

22 rue Godot-de-Mauroy, 9e

Encens et minéraux

La Cornaline et La Naturelle d'Ève ▸**32**, boutiques ésotériques voisines tenues par la même personne, font la part belle à la géobiologie, discipline qui traite de l'influence des ondes sur le vivant. On parle ici énergie tellurique, champ magnétique, rayonnement ionisant... Les adeptes de lithothérapie y trouvent un large choix de pierres et minéraux aux bienfaits ciblés (tonus du système digestif pour la cornaline, stimulation du premier chakra pour la shungite...). Les encens rares n'ont pas moins de vertus : anti-stress pour les Larmes d'éléphant blanc et les Maux du muet, régénérant pour la Belle sans visage...

La Cornaline, 62 rue Saint-Lazare, 9e • La Naturelle d'Ève, 59 rue Saint-Lazare, 9e

32

2 SÉPULTURES ATYPIQUES

Par leur histoire, leur emplacement, leur contenu, leur forme ou leur épitaphe, quelques tombes sortent du lot tout comme divers autres lieux d'éternel repos.

© DR
1

Crypte cathédrale

Au IIIe siècle, l'évêque Dionysius, devenu saint Denis, entreprit de convertir les Gaulois de Lutèce au christianisme. N'étant pas le bienvenu, il fut contraint de prêcher en cachette, réfugié à l'extérieur de la ville, dans une carrière souterraine à l'abandon sur laquelle fut construite l'église Sainte-Marie-des-Champs. Cetteéglise fut détruite pendant la Révolution et deux immeubles en occupent désormais l'emplacement. La crypte ▶**1** où prêcha le saint demeure intacte, enchâssée dans le parking de la résidence. Elle abrite le tombeau de saint Réginald, mort en 1220, près duquel fleurirent quelques miracles. À l'extrémité de la nef trône sur un autel la statue de saint Denis. La crypte, menacée par de sévères infiltrations, ne se visite pas. Une association œuvre pour sa sauvegarde, *via* un classement du site.

14 bis rue Pierre-Nicole, 5e

Dalles de récup'

Au Moyen Âge, chaque église avait son cimetière paroissial. L'île de la Cité n'en comptait pas moins de dix-huit, aujourd'hui tous disparus. Lors de leur démembrement, des pierres tombales furent récupérées et utilisées çà et là comme dalles de pavement. Celles de la rue Chanoinesse ▶**2** ont ainsi été

2

3

recyclées au XVIIIe siècle dans un passage desservant plusieurs immeubles. On peut encore voir des inscriptions en lettres gothiques qui se seraient sans doute effacées si l'endroit avait été plus fréquenté. De même, le couloir du 47 rue Descartes ▶**3** est pavé de pierres tombales provenant de l'ancien cimetière de Saint-Étienne-du-Mont. Des numéros d'ordre y sont gravés, correspondant sans doute à un registre de personnes inhumées dans une fosse commune.

26 rue Chanoinesse, 4e • 47 rue Descartes, 5e

Le tombeau de Philibert

Philibert Aspairt était portier au Val-de-Grâce. Le 3 novembre 1793, il s'aventura dans les souterrains de l'hôpital militaire, simplement équipé d'une pauvre chandelle, poussé par la curiosité ou l'espoir – dit-on – de trouver le trésor des moines chartreux, en l'occurrence leurs meilleures bouteilles d'« élixir de longue vie ». Une chute, un courant d'air, qui sait ? L'imprudent se perdit dans l'obscurité de galeries qui furent son tombeau. Son squelette fut retrouvé onze ans plus tard, le 30 avril 1804, sous la rue d'Enfer, à quelques mètres d'une porte séparant la galerie des caves des Chartreux. Sa dépouille fut identifiée grâce au trousseau de clés qui ne l'avait pas quitté et inhumée *in situ*. Aux dates anniversaires du 3 novembre et du 30 avril, les cataphiles ne manquent pas d'aller saluer Philibert en versant quelques gouttes de boisson sur son mausolée ▶**4**.

Dans les catacombes, approximativement en dessous du 1 rue Henri-Barbusse, 5e

4

L. XVII

Dans le cimetière paroissial de l'église Sainte-Marguerite furent inhumés en juin 1794 les corps de 73 personnes guillotinées place de la Bastille. Ce cimetière fut fermé en 1804 et une cour gravillonnée recouvre désormais les

5

ossements enfouis. Le long du mur d'enceinte cependant, quelques stèles ont été préservées. Sur l'une d'elles ▸**5**, minuscule, s'affiche l'épitaphe: « L. XVII (1785-1795)... Arrêtez-vous et voyez s'il est une douleur comme la mienne. » On pensa pendant longtemps qu'il s'agissait de l'enfant mort au Temple à l'âge de 10 ans, fils de Louis XVI et de Marie-Antoinette, inhumé là le 10 juin 1795. Mais des examens d'ossements réalisés en 1894 ont révélé que le squelette correspondait à celui d'un adolescent de 15 à 18 ans. Qui repose ici? Le mystère demeure.

36 rue Saint-Bernard, 11e. Visite sur demande à l'accueil de l'église.

Ci-gît Coco

Noyée dans la pelouse du jardin du ministère du Commerce et de l'Artisanat, une plaque ▸**6** indique: « Ici a *(sic)* l'ombre d'un palmier a été enterré Coco chien de Sa Majesté Marie Antoinette qui l'avait confie *(sic)* lors de son arrestation à Madame de Tourzel gouvernante des enfants de France. » Ce n'est pas tout à fait exact: Coco, épagneul nain, fut le compagnon non pas de la reine mais de son fils, le jeune Louis-Charles, jusque dans la prison du Temple. Après la disparition de l'enfant martyr, Coco fut remis à Marie-Thérèse, sœur de Louis XVII, seule survivante de la famille royale, qui l'emmena en Autriche. Elle revint avec lui à Paris en 1814. Le voyage fut éprouvant pour l'animal, âgé de 22 ans, qui rendit l'âme à cette occasion. L'ancienne gouvernante des enfants du roi l'enterra ici. La plaque est une copie; l'original se trouve dans un coffre-fort du ministère.

Hôtel de Seignelay, 80 rue de Lille, 7e

Voir aussi le cimetière animalier d'Asnières, p. 72.

6

© A.-M. MINVIELLE

Les victimes de Landru

En 1919, la France fut ébranlée par l'horreur de l'affaire Landru. Le « Barbe-Bleue de Gambais » tua et découpa onze personnes dont dix femmes. Il se débarrassa des troncs, des jambes et des bras en les jetant dans des étangs ou en les enterrant dans les bois tandis que les têtes, les pieds et les mains étaient enfournés dans la cuisinière de la villa Tric qu'il louait à Gambais. Les enquêteurs retrouvèrent dans son jardin 1,5kilo de restes humains, sous forme de cendres ou de débris d'os.

7

La police les fit expertiser par un professeur d'anatomie comparée du Muséum d'histoire naturelle, à la suite de quoi le professeur se retrouva avec les restes numérotés sur les bras. Ne sachant qu'en faire, il demanda conseil aux autorités judiciaires qui lui suggérèrent de les enterrer dans le Jardin des Plantes et de faire pousser un arbre par-dessus. Le jardinier en chef de l'époque s'en chargea. Il les inhuma non loin de l'ancien bras de la Bièvre, dans l'îlot Poliveau (annexe du Jardin des Plantes, rue Buffon, côté impair), et planta un saule. Ordre lui fut donné de garder secret l'emplacement pour dissuader tout culte malsain. La consigne fut scrupuleusement respectée et l'information ne se transmet encore aujourd'hui que de bouche de jardinier en chef à oreille de jardinier en chef exclusivement. Le saule fut renversé par la tempête de 1999 mais n'a pas été dessouché ▸**7**.

Rue Buffon, 5e

Les époux Pigeon

Leur tombe ▸**8** est par sa forme l'une des plus étonnantes du cimetière de Montparnasse. Le couple Pigeon est dans le lit conjugal, en tenue de ville. Elle est couchée et lui à demi redressé. Pourquoi ? Parce que Charles a commandé ce tombeau à la mort de sa femme Léonie, survenue en 1909, alors que lui était bien vivant. Charles Pigeon n'est pas l'inventeur de la lampe à essence mais il fut le premier à déposer, en 1884, le brevet d'un appareil d'éclairage portatif à essence, ininflammable et inexplosible.

Cimetière du Montparnasse (22e div.), 14e

8

Le père Magloire

Sur le piédestal de la statue qui le représente grandeur réelle ▸**9** s'affiche une épitaphe mêlant affabulation et vérité. François Bègue, dit Magloire, (1750-1837) était bien peintre en bâtiment, patriote, poète, philosophe peut-être, rebouteux aussi, ce qui n'est pas écrit. Mais en aucun cas secrétaire de Robespierre, comme il se plaisait à le répéter. L'homme était un joyeux luron qui, de son vivant, acheta dans le cimetière de Charonne une concession qu'il aménagea en surface avec des matériaux de récup'. Il rédigea son épitaphe et alla jusqu'à procéder en 1835 à une répétition générale de ses obsèques. Les dernières volontés de l'excentrique personnage précisaient qu'une bouteille de vin devait être couchée près de lui, dans le cercueil. Elle doit y être encore…

Cimetière de Charonne, 119 rue de Bagnolet, 20ᵉ

Caveau d'anars prévoyants

Le dessinateur Siné et son ami le réalisateur Benoît Delépine acquirent en 2009 une concession à perpétuité pouvant accueillir 60 « potes incinérés », histoire de déconner *post mortem* en bonne compagnie. Bons (et à l'époque

encore tous deux bien) vivants, les deux associés avaient tout prévu, jusqu'aux CD qui les accompagneraient et au cru du beaujolais qui arroserait leurs funérailles. Leur goût de la provocation guida le choix de la sculpture ▸**10** surmontant la tombe : un cactus dressé vers le ciel comme un doigt d'honneur. L'épitaphe reproduisant l'écriture de Siné n'est pas moins effrontée : « Mourir ? Plutôt crever ! » Le dessinateur fut le premier à inaugurer le caveau, en 2016.

Cimetière de Montmartre (30ᵉ div.), 20 avenue Rachel, 18ᵉ

Dates futuristes

À en croire les inscriptions gravées sur la tombe de Raizo Narassaki ▸**11**, cet étudiant de l'école militaire d'Osaka serait né le 15 mai 2505 et décédé à Paris le 17 février 2535 ! Tout s'explique quand on sait qu'au Japon, la date à laquelle le premier

11

empereur a accédé au trône est choisie comme référence (l'an 660 = année 0). Raizo est donc né en 1845 et mort en 1875, quatre ans après son arrivée en France.

Cimetière du Montparnasse (6e div.), 14e

L'élu visionnaire

À la suite d'un rêve, l'homme politique Christophe Girard a fait graver sur la dalle ▶**12** qui abrite déjà les restes de son compagnon défunt ses propres nom et prénom, accompagnés des dates: «1956-2039». Une épitaphe bilingue est gravée sur la tranche: «Mort? Pas encore» et «Men Men Men Amen».

Cimetière du Montparnasse (1re div.), 14e

12

© G. THOMAS

Obsèques sur mesure

Vous êtes allergique aux cercueils vernis, aux poignées dorées, aux discours stéréotypés et aux gueules d'enterrement? Passez sur L'Autre Rive. Cette agence de pompes funèbres unique en France propose des obsèques personnalisées en partant du principe que tout est possible et réalisable, sans jamais perdre de vue le respect dû au défunt. Elle invite les proches à prendre possession du moment par le biais d'une cérémonie en parfaite adéquation avec le disparu. Pourquoi pas une partie de dominos sur le cercueil, un lâcher

13

© L'AUTRE RIVE

de ballons ou de colombes, une cérémonie dans un lieu atypique (péniche, cinéma...), une dispersion des cendres du haut d'une montgolfière, voire une mise en orbite? Si cette dernière option semble trop coûteuse, on peut se rabattre sur le corbillard «carrosse» tracté par une 2CV ▶**13**.

5 rue du Faubourg-Saint-Jacques, 14e • 119-121 avenue Émile-Zola, 15e

IN MEMORIAM

Au fil des rues s'inscrit sur les murs la mémoire de la ville. Sélective, elle ne retient des hommes et des événements que les fragments qu'on veut bien lui livrer. Plus de 1500 plaques mémorielles de marbre, de fonte, de pierre ou de céramique désignent au promeneur autant de faits marquants, poignants pour la plupart, souvent déterminants historiquement. Pour qui se donne la peine de les lire attentivement, certains de ces hommages ont de quoi surprendre.

1

Adresse approximative

En 1631, Théophraste Renaudot obtint du roi de France le privilège exclusif de « faire imprimer et vendre par qui bon lui semblera les gazettes, nouvelles et récits de tout ce qui s'est passé et se passe tant dedans que dehors le royaume, conférences, prix courant des marchandises et autres impressions desdits bureaux, à perpétuité, et tant que lesdites gazettes nouvelles et autres impressions auront cours en ce dit royaume, et ce exclusivement à toutes autres personnes ». Vous n'avez pas compris grand-chose ? Retenez simplement que le premier journal officiel imprimé était né. Où donc ? « Dans la maison du Grand Coq qui s'élevait ici ouvrant rue de la Calandre et sortant au Marché Neuf. » Votre GPS devrait trouver... ▶**1**
8 quai du Marché-Neuf, 4e

Accouchement différé

Dans la rue de Belleville, une plaque ▶**2** remplit d'émoi les admirateurs d'Édith Piaf, affirmant que la Môme est née « sur les marches de

2

cette maison, le 19 décembre 1915, dans le plus grand dénuement ». Qu'ils se rassurent : Mme Gassion n'a pas accouché à même le trottoir mais dans un lit de l'hôpital Tenon, comme en témoigne le registre de l'état civil. La future maman, aux prises avec les premières contractions, a attendu l'arrivée d'une ambulance au pied de l'immeuble, assise sur les marches. Le malentendu vient d'une confidence d'Édith à un journaliste: « J'ai failli naître dans la rue. »

72 rue de Belleville, 20e

3

Ces petits riens

Les plaques blanches de Noonie noonie noonie ▸**3** fleurissent sur les murs des 5e, 11e et 13e arrondissements. Partant du constat que les statues, les plaques mémorielles ou les noms de rues qui célèbrent presque toujours la violence et le plus fort, l'artiste veut au contraire faire de l'insignifiant quelque chose de significatif. Il rend hommage à des inconnus, des poètes incompris, des idées jamais réalisées ou affiche tout simplement des messages avec humour et légèreté : « Ici, un homme a vécu 53 ans sans Facebook», « Ici a vécu un élu qui n'a jamais été soupçonné d'embaucher des membres de sa famille dans des emplois fictifs ».

Course de lenteur

Le constructeur Louis Renault s'offrit le jour de Noël 1898 un magistral coup de pub. Au volant d'une voiture à pétrole, il gravit au ralenti la rue Lepic, pentue et sinueuse à souhait, sans jamais caler. L'exploit visait à démontrer l'efficacité de la prise directe, c'est-à-dire le rapport moteur-boîte de vitesse. Dès son arrivée sur la place du Tertre, il empocha une douzaine de commandes. S'inspirant de cet exploit ▸**4**, une course de lenteur fut lancée en 1922 sur le même parcours: le but était de monter la rue Lepic le plus lentement possible sans jamais s'arrêter. La compétition s'est déplacée à Saint-Brieuc, sous le nom de « Montée de la rue Fardel ».

Place du Tertre, 18e

4

Occasion manquée

Quel est ce «chariot d'eau mû par le feu» qu'évoque une plaque discrète ▸**5** à l'extrémité du port Debilly ? Le 9 août 1803, l'ingénieur américain Robert Fulton fit devant un public choisi, parmi lequel figurait le Premier consul, une démonstration de navigation à vapeur, première du genre. Le prototype de 33 mètres de long sur 2,80 mètres de large remonta la Seine à la vitesse d'un piéton pressé (soit 5,5 kilomètres/heure) puis la redescendit, fit diverses manœuvres et embarqua plusieurs membres de l'Institut qui purent vérifier son efficience. Bonaparte fit la moue, qualifiant Fulton «d'aventurier, de charlatan et d'imposteur». Son manque de discernement l'empêcha de voir dans ce mode de propulsion futuriste un moyen de conquérir l'Angleterre.

Port Debilly, 16e

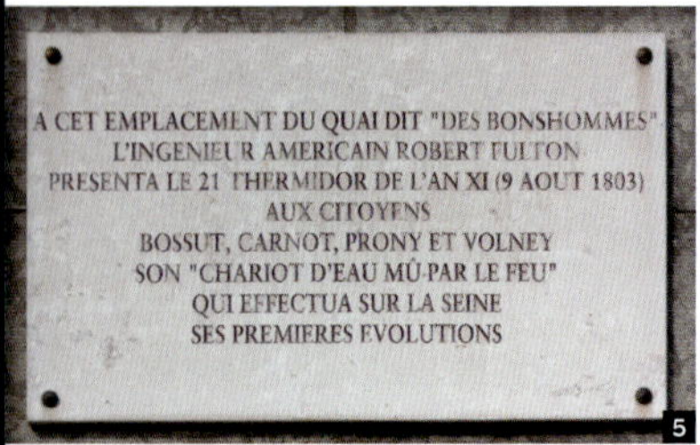

5

Conseils à l'occupé

Durant l'été 1940, après la Débâcle, l'intellectuel Jean Texcier s'attela à l'écriture d'un opuscule à l'ironie grinçante, *Les Conseils à l'occupé*. Ceux-ci, au nombre de trente-trois, visaient à guider le comportement des Français. Sans inciter à la révolte, ils prônaient le refus de toute compromission avec l'occupant. Cette première brochure clandestine, écrite dans une rue tranquille du 14e arrondissement ▸**6**, fut suivie de nombreux autres tracts spontanés prenant la forme de pastiches, poèmes, prières ou commandements.

4 rue Leneveux, 14e

6

Illustres inconnus

Célèbre un jour ne rime pas avec toujours. De nombreuses plaques évoquent le souvenir d'hommes ou de femmes dont les mérites se sont, au fil du temps, effacés de nos mémoires. Leur notoriété semblait à ce point acquise au moment de l'hommage que l'on jugea superflu de mentionner la nature même de leurs qualités ou de leurs travaux. Êtes-vous de ces érudits qui connaissent Louis Veuillot ▸**7**, Elefthérios Venizélos ▸**8** ou Saint-Georges de Bouhélier ▸**9** ? Leurs plaques respectives nous apprennent que le premier est né dans le Loiret et le deuxième en Crète, que le troisième composa

7

8

9

10

11

12

13

rue La Condamine « ses principales œuvres ». Lesquelles ? Mystère… Rue d'Assas, on suppute à l'envi sur le rôle joué dans l'histoire par M. Smoluchowski ▶**10**. Lucien Gaulard ▶**11**, ingénieur électricien de son état, possède une plaque à son nom, propre à faire des jaloux au sein de la profession. À Montmartre, un cartel rappelle la présence en 1436 du seul épicier du village, Jehan Doulcet ▶**12**. Le sieur Flamant-Devergie ▶**13** posa pour sa part la première pierre de la rue Rambuteau – geste qui n'apporta pas à ce banquier la notoriété escomptée.

21 rue de Varenne, 7ᵉ • 22 rue Beaujon, 8ᵉ • 45 rue La Condamine, 17ᵉ • 60-62 rue d'Assas 6ᵉ • 79 rue Vieille-du-Temple, 3ᵉ • 7 rue du Mont-Cenis, 18ᵉ • 19 rue Rambuteau, 4ᵉ

14

15

16

Noms prédestinés

Jacques Delarue le bien nommé gagna ses galons de popularité sur les pavés de la Commune libre du vieux Montmartre dont il fut le garde champêtre attitré pendant trente-cinq ans. Plus connu sous le surnom d'«Anatole» ▶**14**, il battait tambour et pavés sous un bicorne emplumé, participant au folklore local. Rue de l'Estrapade, les geeks sourient à l'évocation de Paul-Louis Courier, né rue du Mail ▶**15**. Avenue de Saint-Ouen, Maurice Robinet, cantonnier du nettoiement, a les honneurs d'une plaque ▶**16** en tant que FFI fusillé par les Allemands.

6 rue Norvins, 18e • 11 rue de l'Estrapade, 5e • 23 avenue de Saint-Ouen, 17e

Noms abrégés

À deux jets de couronne du cimetière du Montparnasse siège la marbrerie Joffin Labatie. Sur sa façade de marbre rouge se détache une plaque ▶**17** portant l'inscription: «R.P.B.G. Les quatre sergents de La Rochelle». Les initiales sont celles de Raoulx, Pommier, Bories et Goubin, jeunes soldats âgés d'une vingtaine d'années accusés sous la Restauration d'avoir voulu renverser la monarchie. Ils furent guillotinés en 1822 pour haute trahison. Le destin de ces martyrs républicains émut la population et de nombreux cabarets se rebaptisèrent «Aux Quatre Sergents de La Rochelle» (lieu de leur casernement). Une brasserie à cette enseigne se trouvait à la place de la marbrerie jusque dans les années 1950. Les sergents ont pour leur part trouvé leur dernière demeure au cimetière du Montparnasse.

1 rue Émile-Richard, 14e

17

Malfaçon ou imprudence ?

Dans le déambulatoire de l'église Saint-Étienne-du-Mont, une plaque de marbre noir ▶**18** relate sa consécration, survenue le 23 février 1626. En dessous, une autre plaque d'un gabarit plus modeste apporte un complément de précision, sous forme de faits divers: «Et pendant les cerimonies de la dédicace deux filles de la parroisse tombèrent du haut des galerie du cœur avec lappuy et deux des ballustres qui furent miraculeusement préservées comme aussy les asistans ne sestant rencontré personne soubz les ruynes vue affluance du peuple qui asistoient ausdites cerimonie *(sic)*.» Nous voilà donc rassurés sur le sort des balustrades. Quant aux jeunes filles…

Place Sainte-Geneviève, 5ᵉ

18

19

20

21

Ça, c'est de l'info !

Les plaques antédiluviennes apposées sur certains hôtels particuliers de la rue Saint-Louis-en-l'Île sont truffées d'informations essentielles. On apprend ainsi qu'au numéro 84 le sieur de Loynes installa en 1648 huit jeux de boules ▶**19** ou que la maison du numéro 25 fut construite par un serrurier ▶**20**. La mention figurant sur le numéro 38 ▶**21** laisse perplexe: «En 1775, Gilles Gomin maître tapissier acquiert de très haute et très puissante dame madame Isabelle Louise Juvenal de Harville des Ursins de Tresnel marquise de la Chastre.» Qu'acquiert-il exactement de cette «dame madame»? Mystère…

84, 25 et 38 rue Saint-Louis-en-l'Île, 4ᵉ

Ubuesque

Tournée et retournée en tous sens, la phrase gravée rue Titon demeure toujours aussi énigmatique : « Ici s'élevait l'hôtel sur lequel était fixée cette plaque » ▸**22**. La plaque en question en était en fait une autre, initialement fixée en dessous, qui fut escamotée lors de travaux de ravalement sans jamais refaire surface ensuite. L'hôtel mentionné était probablement la Folie Titon, demeure au luxe extravagant de

22

Maximilien Titon. Ce marchand d'armes avait fait fortune en équipant l'armée de Louis XIV. Son domaine, surnommé « Titonville », s'étendait du 31 rue de Montreuil à la rue des Boulets.

2 rue Titon, 11e

Ambassade du Texas

Sur la façade de l'hôtel Vendôme, une plaque discrète ▸**23** annonce « Ambassade du Texas ». Le Texas, une république ? Oui, durant une brève période, entre 1836 et 1845, le temps d'ouvrir quelques ambassades de par le monde et notamment en France, première nation à reconnaître son indépendance.

23

Après s'être émancipé du Mexique en 1836 (le siège de Fort Alamo, ce n'est pas qu'un western), le Texas fut une république indépendante jusqu'en 1845, date à laquelle il fut annexé aux États-Unis. Le bâtiment qui abritait l'ambassade fut converti en hôtel en 1858.

1 place Vendôme, 1er

République de Montmartre

Sur la place du Tertre, une plaque émaillée ▸**24** évoque la Commune libre du vieux Montmartre, fondée

24

en 1920 par le chansonnier Jules Depaquit. Ce contrepouvoir à la fois loufoque et culturel élut comme couleurs le rouge et le vert, le signe de ralliement de ses membres étant un verre de rouge. Son premier acte fut de décréter la séparation de Montmartre et de l'État. En effet, malgré son rattachement à Paris en 1860, Montmartre a toujours revendiqué son indépendance. L'année suivante vit naître la République de Montmartre (RDM), portée par la devise « Faire le bien dans la joie ». Cette république atypique comptant un président, des ministres (de la Nuit, du Gai Paris, de l'Œnologie...), des ambassadeurs, des consuls, des députés et des citoyens d'honneur poursuit ses actions caritatives et culturelles.
Place du Tertre, 18e

Promesse tenue

À l'angle du numéro 19 de la place des Vosges et de la rue des Francs-Bourgeois, une plaque ▶**25** se fait l'écho d'une curieuse disposition

26

testamentaire. Elle informe que Victor Bellanger, propriétaire de cet hôtel particulier, en fit don après son décès, survenu en 1852, au bureau de bienfaisance du 8e arrondissement (affilié à l'Assistance publique). En échange de ce legs, l'institution devait s'engager à « entretenir à perpétuité la

25

sépulture de famille du donateur au cimetière du Père-Lachaise et de secourir surtout les pauvres honteux». En ce qui concerne ces derniers, il est difficile de vérifier. La tombe d'Étienne-Louis-Victor Bellanger ▸**26** souffre pour sa part d'un laisser-aller qui ne plaide pas en faveur de l'APHP.

19 place des Vosges, 4e • Cimetière du Père-Lachaise (13e div.), 20e

Où Boileau but le lait

Place de Mexico, une plaque ▸**27** indique: «Ces maisons occupent l'emplacement de la ferme Magu où Boileau et La Fontaine se réunissaient pour boire du lait pur à la campagne.» Nicolas Boileau,

27

retiré à Auteuil pour y soigner son asthme, recevait dans sa maisonnette ses amis, dont Lully, La Fontaine et Racine. Le dimanche, il les emmenait à la ferme Magu, réputée pour la propreté de ses étables et l'excellence de ses produits, et leur faisait boire du lait. Quoi de plus normal? La démarche était en réalité avant-gardiste car au XVIIe siècle cette boisson n'avait pas bonne presse: «Excepté pour les enfants, le lait est un mauvais aliment; il ne convient ni aux adultes, ni aux vieillards, ni aux bilieux, ni aux lymphatiques, etc. Cependant on l'emploie pour combattre certaines affections de poitrine, ainsi que dans la convalescence des maladies inflammatoires. Les médecins l'ordonnent aussi aux personnes irritables et nerveuses. En tout cas, le lait est peu nourrissant; il ne saurait entretenir les forces d'une personne vigoureuse: il est relâchant et adoucissant» (*Grande Encyclopédie illustrée d'économie domestique et rurale*). Le vin était un breuvage autrement plus sain et hygiénique, qui avait les faveurs de la Faculté.

9 place de Mexico, 16e

Vive protestation

Dans la nuit du 8 au 9 janvier 1871, une pluie d'obus s'abattit sur les serres du Jardin des Plantes. Les fragiles orchidées et autres plantes rares furent hachées menu par les bris de verre. C'en

28

fut trop pour Michel-Eugène Chevreul, directeur du Muséum d'histoire naturelle, qui venait tout juste d'ordonner l'abattage des animaux du zoo pour nourrir les Parisiens. Le savant âgé de 84 ans prononça le lendemain à l'Académie des sciences une vibrante allocution adressée à Guillaume Ier, roi de Prusse. L'abbé Lamazou, vicaire de la Madeleine, prit l'initiative de faire graver à ses frais les propos de Chevreul sur deux plaques de marbre qui devaient être placées aux deux entrées principales du Muséum. « Elles attesteront, disait-il, aux générations à venir de quel côté se trouvaient, dans ce néfaste siège de Paris, le droit moral et la force brutale, l'amour de la civilisation et le culte de la barbarie. » Les plaques furent gravées mais jamais mises en place. L'une d'elles est cependant visible, loin du Jardin des Plantes, dans la partie privative d'une copropriété, rue de la Folie-Méricourt ▶**28**. À cette adresse se trouvait le laboratoire de Chevreul. La plaque est-elle l'une des deux commandées par l'abbé ou un « raté » mis de côté par le graveur marbrier ? La coquille dans le mot « médécinales » pourrait être la raison de son évincement et de sa conservation en ce lieu inattendu.

24 rue de la Folie-Méricourt, 11e

29

Ni Dieu ni maître

Au Quartier latin, on peut lire sur une plaque ▸**29** frappée d'un éclat: «Hommage à Fernand Buisson, 1841-1932, président de l'Association des libres penseurs de France, député qui fit adopter la loi de séparation des Églises et de l'État. Cette plaque a été apposée par les laïcs le 1er juin 1980 en protestation contre les violations faites à cette loi par le chef de l'État et les pouvoirs publics à l'occasion de la venue du pape Jean-Paul II en France.» Cette virulente contestation est jumelée à une librairie associative, porte-voix de la FNLP (Fédération nationale de la libre pensée) dont le slogan est: «Ni dieu, ni maître, vive la sociale et à bas la calotte!»

10 rue des Fossés-Saint-Jacques, 5e

Pour ne jamais oublier

Dans la cour Sainte-Claire de l'hôpital de La Salpêtrière, une plaque ▸**30** rappelle le tragique destin des «Filles du Roy», mises à contribution au XVIIe siècle pour peupler la colonie de la Nouvelle-France. Dans un premier temps, on envoya outre-Atlantique des jeunes femmes pauvres et des orphelines, avec un trousseau et un pécule fournis par le roi. Elles étaient attendues par des milliers de colons célibataires. Mais au bout de quelques années, les volontaires se raréfiant, on puisa dans l'enclos de La Salpêtrière des indigentes et des prostituées, candidates malgré elles à l'émigration.

47 boulevard de l'Hôpital, 13e

30

Mémorial gay

Cette plaque incrustée dans le sol passerait inaperçue si l'on ne voyait quelques passants tourner autour quotidiennement. On y lit: «Le 4 janvier 1750 [...] furent

arrêtés Bruno Lenoir et Jean Diot. Condamnés pour homosexualité, ils furent brûlés en place de Grève le 6 juillet 1750. Ce fut la dernière exécution pour homosexualité en France.» La plaque ▸**31** dévoilée en 2014 sur les lieux même de l'arrestation des deux hommes vise à entretenir la mémoire des faits afin qu'elle serve de garde-fou aux manifestations homophobes.

Angle des rues Montorgueil et Bachaumont, 2e

B comme...

Les plaques anglées d'un ruban tricolore, rendant hommage aux hommes et aux femmes tombés lors des combats de la Libération de Paris, sont légion. Elles versent au crédit du souvenir plus ou moins de précisions quant aux grades des victimes ou aux circonstances de leur exécution. La plus succincte de ces plaques mémorielles est dédiée à l'« adjudant-chef Berger août 1944 », tombé rue Boutebrie ▸**32**. À cette humilité s'oppose la mégalomanie du maréchal de Bercheny, militaire d'une autre époque dont les titres de gloire et de rang sont énumérés sur une plaque aussi haute qu'une fenêtre ▸**33**. Ironie du sort: le recensement officiel des plaques commémoratives parisiennes, classées par ordre alphabétique, fait voisiner ces mêmes Berger et Bercheny, si éloignés dans les hommages qui leur sont rendus.

1 rue Boutebrie, 5e • 58 rue de Verneuil, 7e

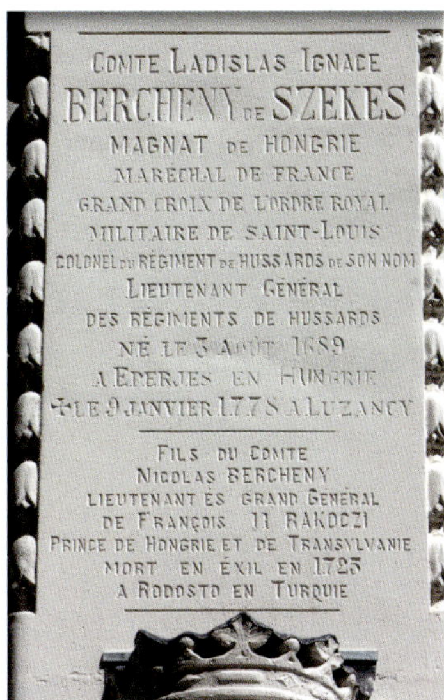

34

Tenez bon, nous arrivons

L'île de la Cité fut au cœur des combats de la Libération de Paris, comme en témoignent maintes cicatrices murales et plaques commémoratives. L'une d'elles évoque un fait méconnu : le largage par avion, le 24 août 1944, d'un message du général Leclerc aux Parisiens combattants : « Tenez bon, nous arrivons » ▶**34**.

2 quai du Marché-Neuf, 4e

Nominalisme, pas mort !

Les plaques sont souvent l'enjeu d'une véritable bataille lexicale, notamment celles liées à la Seconde Guerre mondiale. Comment dénommer l'ennemi ? Les occupants furent d'abord désignés comme les « Boches », les « nazis », les « hitlériens » ou la « Gestapo » avant que ne soit préféré le terme d'« Allemands ». Afin de ménager les susceptibilités, plusieurs plaques furent déposées et remaniées de manière à faire disparaître le mot « boches ». Faut-il réécrire l'Histoire au profit de la diplomatie ? Rue du Théâtre, la plaque de Jules Eidelman ▶**35-36** a évolué dans le sens du politiquement correct. Celles de François Schester et Maurice Feferman (10e) demeurent intactes ▶**37**, de même que celle, présente en deux exemplaires dans le 19e arrondissement, à la mémoire de Lucien Sampaix, Georges Vallet et André Biver ▶**38**. La rue des Amandiers balance pour sa part entre « nazis », « hitlériens » et « Allemands » ▶**39**.

150 rue du Théâtre, 15e • 58 rue des Petites-Écuries, 10e • 12 rue de l'Échiquier, 10e • 24 rue des Bois, 19e • 2 rue Émile-Desvaux, 19e • 71 et 78 rue des Amandiers, 20e

35

36

37

37

38

38

39

39

4 MYSTIFICATIONS

Farceurs, les Parisiens ? Ils n'ont jamais prétendu avoir bouché le port de l'Arsenal avec une sardine, ils ont en revanche échafaudé de croustilleux canulars.

Un moulin à barbe

Imaginez une machine permettant de raser 60 individus en une minute, une sorte de manège dans lequel on cale sa joue dans un orifice en attendant que passe et repasse une lame réglée au millimètre, reliée à une roue. La description de cet engin fabuleux ▶1 se répandit dans toutes les strates de la société du XVIIIe siècle, suscitant curiosité et frissons. La rumeur prit corps en 1760 sous forme d'un opuscule titré « Dissertation sur la véritable origine des moulins à barbe ». Leur paternité était attribuée à un mathématicien français, lointain parent de Nostradamus. L'homme, qui possédait un jardin situé dans la partie supérieure de la Bièvre, avait contourné le principal problème de la diversité des faciès (lèvres plus ou moins charnues, mentons saillants, etc.) en moulant dans de l'argile autant de physionomies « qu'il pouvoit y avoir alors dans tout le monde ». Chacune était répertoriée et numérotée. Il suffisait de prendre place et de se livrer à la machine qui opérait avec délicatesse, sans estafilade et sans froisser les moustaches. La force motrice de l'eau engendrait un mouvement régulier, sans les à-coups générés par une traction animale. Le dispositif atteignit,

© BnF

1

dit-on, un tel degré de perfection que son inventeur « se mit à faire des barbes de tant et tant de sorte que la rivière n'était plus qu'une eau de savon; les étrangers qui venaient à Paris la prenaient pour un fleuve de lait et se croyaient en terre promise: mais les habitants de ce faubourg Saint-Marcel, qui prenaient plaisir à se divertir de leur erreur, faisaient un démenti, leur apprenant que c'était une eau de barbe qui coulait incessamment, ce qui fit qu'on nomma cet endroit Coule-Barbe ». La présence effective d'une rue nommée Croule-Barbe étaya cette explication fantaisiste, gobée toute crue par les esprits simples. Aucune « sucette Decaux » n'était là pour les informer que la rue doit son nom à Jean de Croulebarbe, propriétaire au Moyen Âge de vignes et d'un moulin situé à l'angle des actuelles rues Croulebarbe et Corvisart (13e).

Une étoile en plein midi

L'Observatoire de Paris possède de profondes installations souterraines ▶2 qui sont en partie le fruit du hasard. Son architecte Claude Perrault ignorait en 1672 que l'emplacement choisi reposait sur d'anciennes carrières. Résolution fut prise d'en tirer parti. « Par un heureux hasard, note l'architecte, le trou ou ouverture que perce l'Observatoire depuis le fond des carrières jusqu'au-dessus de la terrasse donne juste le zénith, sans qu'on ait besoin pour tout cela d'un quart-de-cercle ou d'aucun autre instrument. » L'astronome Cassini envisagea de se servir de ce puits de 55 mètres traversant les trois étages du bâtiment (28 mètres de profondeur réelle et 27 mètres au-dessus du rez-de-chaussée), comme d'une grande lunette verticale. Mais à l'usage, cet ersatz d'appareil astronomique se révéla peu pratique car il ne permettait à un observateur placé au fond des caves de scruter le ciel que sur un rayon d'un degré autour du zénith. Cela, le commun des mortels l'ignorait et persistait à croire que les savants observaient les astres du fond de ces 330 marches ténébreuses. Un concierge rusé entretint avec profit cette erreur. Moyennant quelques pièces, il faisait descendre les visiteurs dans les souterrains ; grâce à une fissure pratiquée par hasard entre deux dalles de la terrasse, un point lumineux apparaissait au-dessus de la tête des curieux qui croyaient dur comme fer avoir vu une étoile en plein midi. Un peu de plâtre coupa court à la supercherie.

61 avenue de l'Observatoire, 14e

Jean-Sébastien Mouche

À l'occasion de l'Exposition universelle de 1867, la Ville de Paris demanda aux chantiers lyonnais de la Félizate, quai de la Mouche, de bien vouloir lui fournir une flotte de bateaux omnibus à vapeur et à hélices afin de promener les visiteurs sur la Seine, le long de laquelle s'étalait l'Exposition. Près d'un siècle plus tard, l'origine lyonnaise des bateaux-mouches était tombée aux oubliettes de la mémoire collective, ce qui permit à Jean-Charles Bruel, fondateur dans les années 1950 de la Compagnie des bateaux mouches ▶3 de concocter un canular. Une rencontre de hasard lui en donna le prétexte. Bruel croisa un jour sur le quai un promeneur nommé Albert Dauzat. Celui-ci, un éminent linguiste, rappela l'usage, dans la langue française, d'accorder en genre et en nombre l'adjectif au nom auquel il se rapporte. Or, l'enseigne affichait «Bateaux Mouche» sans «s». Bruel prit acte mais, au lieu de corriger ses pancartes, il se rendit au marché aux puces et revint chargé d'un buste masculin au regard sévère. Puis il organisa une cérémonie d'inauguration en forme d'hommage au créateur des Bateaux-Mouches, personnage en l'occurrence purement imaginaire, baptisé «Jean-Sébastien Mouche». Le Tout-Paris y assista, en avril 1953. La lecture de la biographie de M. Mouche, rédigée par l'historien Robert Escarpit, fut savoureuse. On apprit qu' «il fut sous le Second Empire un des plus brillants collaborateurs du baron Haussmann. Nommé en 1868 contrôleur des Voies et Moyens à la préfecture de Police, il organisa un corps d'inspecteurs particulièrement diligents et habiles qui portèrent bientôt le nom de "mouchards". [...] Son ancêtre, Nicolas Mouche, prévôt de Seine sous Louis XIII, habitait dans un hôtel de l'île Saint-Louis qui existe encore au 25 quai de Bourbon. C'est lui qui, ayant coupé trop court un matin sa barbiche à la Richelieu, inventa ce qu'on appela la "mouche", petite touffe de poils sous le menton. Détail piquant: les mousquetaires donnèrent le même nom à la touffe de poils qu'ils attachaient

3

au bout de leur épée lorsqu'ils voulaient s'exercer au fleuret, d'où les expressions "faire mouche" et "quelle mouche vous pique?" Son arrière-grand-mère, Suzanne Mouche, fut, semble-t-il, une des dernières passions du roi Louis XV. Spirituelle et brillante, elle fut surnommée "la fine mouche".» La supercherie fut révélée quelques semaines plus tard et l'on fit alors le lien avec la date des festivités, qui avaient eu lieu un 1er avril. Bruel reconnut plus tard: «Jean-Sébastien m'a évité un million de publicité à cause d'une faute d'orthographe.»

Port de la Conférence, 8e

La toile de Boronali

Le cabaret du Lapin Agile fut en 1910 le théâtre d'un canular qui fit date dans l'histoire de l'art. Agacé de voir le Tout-Paris s'extasier devant la peinture moderne, l'écrivain Roland Dorgelès résolut de confondre les snobs à sa façon. Il publia d'abord sous le pseudonyme de Joachim-Raphaël Boronali un *Manifeste de l'excessivisme* inspiré du *Manifeste du futurisme*, paru en 1909. Puis il se rendit avec son complice André Warnod au Lapin Agile, QG des artistes bohèmes du quartier. Son propriétaire, le père Frédé, possédait un vieil âne nommé Lolo.

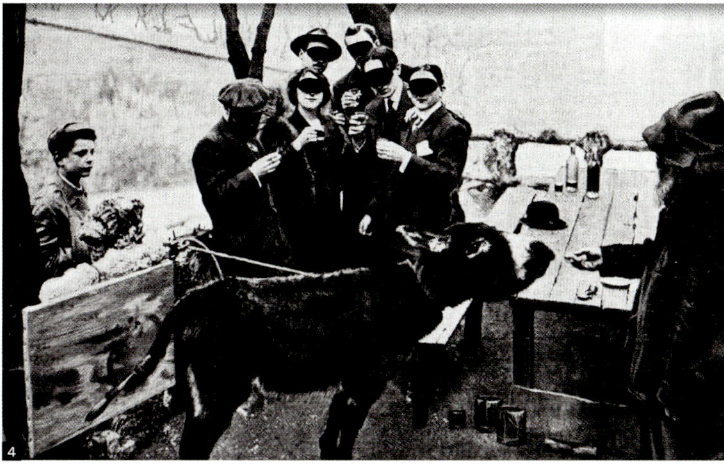

© ROGER-VIOLLET

4

Dorgelès attacha avec de la ficelle un pinceau à la queue de l'animal, piocha du bout du pinceau quelques couleurs sur la palette et plaça le postérieur de Lolo face au chevalet. Un huissier requis pour l'occasion dressa un procès-verbal de la scène: « En ma présence, des peintures de couleurs bleue, verte, jaune et rouge ont été délayées et un pinceau fut attaché à l'extrémité caudale d'un âne appartenant au propriétaire du cabaret du Lapin Agile et prêté pour la circonstance par ce dernier. L'âne fut ensuite amené et tourné devant la toile et M. Dorgelès, maintenant le pinceau et la queue de l'animal, le laissa par ses mouvements barbouiller la toile en tous sens, prenant seulement le soin de changer la couleur du pinceau et de le consolider. J'ai constaté que cette toile présentait alors des tons divers passant du bleu au vert et du jaune au rouge sans avoir aucun ensemble et ne ressemblant à rien. » ▶4
La toile de Boronali, chef de file de l'école excessiviste, entra aux Indépendants, un salon dont le principe est d'exposer les envois sans critère de sélection. Le jour du vernissage, nul ne cria au scandale. Les critiques d'art reconnurent à ce jeune artiste inconnu « un tempérament encore confus de coloriste », « une maladresse de facture », voire « un excès de personnalité ». L'ânerie ne tarda pas à être révélée, ce qui dopa la popularité de Boronali. L'insolite chef-d'œuvre suscita la convoitise de nombreux acheteurs qui se battirent pour l'acquérir. La toile *Et le soleil se coucha sur l'Adriatique* fut vendue aux enchères au profit de l'Orphelinat des arts. On peut désormais l'admirer à l'espace culturel Paul-Bédu, à Milly-La-Forêt (91).

5

CERCLES, CLUBS & ASSOCIATIONS

Atypiques mais pas sectaires, ces cercles, ordres, sociétés, coteries et associations sont pour les trois quarts ouverts à qui veut bien s'intéresser à leurs activités. Intégrer le quart restant relève de l'exploit.

Cupim et Cargo Club

Catherine Domain, gérante de la librairie Ulysse, bien connue des baroudeurs, a fondé deux clubs originaux: le Cupim (Club Ulysse des petites îles du monde) et le Cargo Club ▶**1**. Pour faire partie du premier, il suffit d'habiter une île dont on peut faire le tour à pied en moins de vingt-quatre heures et qui compte moins de 3000 habitants (qu'elle soit aux Maldives ou en Bretagne). Ses membres peuvent effectuer entre eux divers échanges de services et ont droit à un accueil VIP dans toute l'île Saint-Louis, selon une convention passée avec les commerçants (coupe-file ou apéro offert). Le Cargo Club réunit chaque premier mercredi du mois des amateurs de voyage en cargo qui échangent autour d'un verre tuyaux, souvenirs de cabines et expériences au long cours.

1 © ULYSSE

26 rue Saint-Louis-en-l'Île, 4e

Club des Poètes

Amis de la poésie, bonsoir! Poèmes d'hier et d'aujourd'hui, d'ici ou d'ailleurs, scandés, chantés, slamés, déclamés... Tous ont droit de cité(-er) au Club des Poètes ▶**2**, cabaret atypique fondé en 1961 par Jean-Pierre Rosnay dans le but de «rendre la poésie contagieuse et inévitable». On peut aussi apporter des poèmes que l'on aime et les partager avec le public, à condition «de connaître les vers par cœur et de les déclamer avec cœur».

30 rue de Bourgogne, 7e

2 © CLUB DES POÈTES

Les Repas ufologiques

Cette association fondée au début des années 2000 réunit chaque mois autour d'un dîner-débat des intervenants dont les travaux ou les connaissances se rapprochent de la thématique du jour, en lien avec l'ufologie (étude des ovnis), la présence de vie extraterrestre et d'autres phénomènes étranges et insolites non expliqués ▶**3**.

3

© SHUTTERSTOCK

L'engouement pour ces repas à l'approche cartésienne est tel que le réseau ne cesse de s'étoffer, couvrant désormais une quarantaine de villes françaises.

lesrepasufologiques.com

Cercle holmésien de Paris

Cette association (CHOP pour les intimes) ▶**4** réunit des passionnés de l'œuvre de Sir Arthur Conan Doyle et notamment du personnage de Sherlock Holmes. Une fois par mois, ils se retrouvent au Dernier Bar Avant la Fin du Monde pour discuter

4

© SHUTTERSTOCK

de l'actualité holmésienne ou célébrer en costume la Sherlock Birthday Party (en janvier).

cercleholmesiendeparis.tumblr.com

Polyglot club

Cette communauté d'échanges linguistiques organise des rencontres polyglottes partout dans le monde. À Paris, ces réunions ont lieu le jeudi soir dans un café ▶**5**. Une centaine de participants s'y retrouvent pour converser dans une langue autre que maternelle. À l'accueil, ils indiquent sur un badge leur prénom et les langues (peu ou prou) pratiquées. Il suffit ensuite de se jeter à l'eau en abordant un inconnu qui partage une des langues inscrites sur votre étiquette.

polyglotclub.com

5

© F. RAQUIL

6

Association française des amis des chemins de fer

Les amateurs de modélisme ferroviaire s'engouffrent le samedi dans les sous-sols de la gare de l'Est pour rêver devant des réseaux ferrés miniatures d'échelles différentes ▶**6**. L'AFAC a installé plus de 600 mètres de voies et des centaines d'aiguillages parcourus de locomotives à vapeur ou électriques tirant wagons et convois. Tout est conforme à ce qui existe sur le réseau SCNF, tout est fait main par les adhérents et tout fonctionne. Le lieu est à voir, tant pour la minutieuse reconstitution que pour ceux qui en sont à l'origine : des purs, des vrais, la passion chevillée au corps.

Gare de l'Est, place du 11-Novembre 1918, 10e. Descendre la rampe d'Alsace dans le parking, porte 9.
Samedi de 14h30 à 19h, plus d'infos au 01 40 38 20 92.

Club des cent

Ce club ▶**7** très discret fondé en 1912 compte 100 membres titulaires, pas un de plus, réunis autour d'une même passion pour la bonne chère.

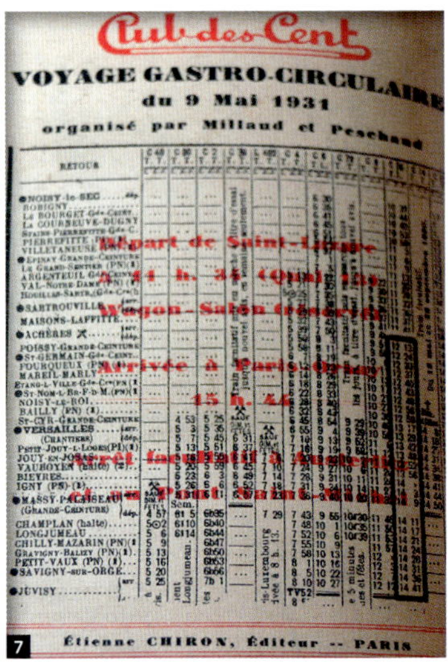

7

Pour y être introduit, il faut être parrainé par deux membres et réussir un «examen gastronomique et œnologique», truffé de questions retorses. Le règlement exigeait également à l'origine que les candidats aient «promené au moins sur 40000kilomètres une fine gueule avérée». Le but initial était de dresser « une liste des seules maisons où l'on mange de très bonnes choses, sur du linge bien blanc et dans de la vaisselle bien propre ». À part le guide Michelin qui venait de naître, le paysage des guides gastronomiques était alors désert. Ce club de fins gourmets est l'un des plus confidentiels et des plus convoités qui soient. Les centistes, notables mâles de tous horizons (patrons du CAC 40, écrivains, politiciens...), se réunissent le jeudi à l'heure du déjeuner dans un établissement chaque fois différent choisi par un ou deux «brigadiers».

SEADACC (Société d'études et d'aménagement des anciennes carrières des Capucins)

Cette association entretient et met en valeur depuis 1983 la carrière du XIIe siècle située sous l'hôpital Cochin, creusée par les Capucins pour édifier leur chapelle ▶**8**. Comme ils furent nombreux à se blesser lors des travaux d'excavation, l'abbé Jean-Baptiste Cochin créa en surface une infirmerie, ancêtre de l'actuel hôpital . Decette carrière proviennent 30 % des

DR 8

pierres de Notre-Dame, 90 % de celles de Saint-Séverin et 100 % de celles de la tour du Temple. C'est là aussi que naquit la toute première champignonnière souterraine. Ce qui motive ces bénévoles ? Lacuriosité de savoir « ce qu'il y a derrière » l'immense monticule de terre, mais aussi le plaisir de sauvegarder un patrimoine exceptionnel, parfois insoupçonné... Des plans d'archives laissent à penser qu'il se trouverait là un puits, une fontaine ? Ils trouvent, dans le meilleur des cas, des inscriptions, certaines à peine grattées, d'autres écrites au crayon...

Visite sur demande, uniquement pour des groupes constitués. seadacc.com

Commission des plis cachetés

Le but de cette commission créée en 1733 au sein de l'Académie des sciences est d'établir une antériorité dans la découverte d'un résultat scientifique lorsque son auteur est momentanément empêché de le publier dans son intégralité. Tout inventeur peut effectuer un dépôt

9

« sous pli cacheté ». Dès leur réception, les plis ▸**9** sont référencés dans un registre avant de rejoindre les rayonnages des archives. À moins d'être réclamés par le dépositaire, ils vont y sommeiller pendant un siècle. Deux fois par an, les membres de la commission ouvrent ces lettres envoyées voilà plus de cent ans par des personnes soucieuses de coucher par écrit une réflexion, un point de vue, une hypothèse, un message ou une invention à caractère scientifique ou technologique. À de rares exceptions près, aucun de ces plis n'a révolutionné les sphères technique ou scientifique en exposant une découverte fondamentale, mais ils fournissent aux historiens des sciences de précieux témoignages d'études préliminaires, de tâtonnements ou de faux départs et reflètent les préoccupations politiques, sociales ou économiques d'une époque.

23 quai de Conti, 6e

Conférence Berryer

La Conférence du stage est un concours officiel régi par le Conseil de l'ordre des avocats, inscrit dans le cursus des jeunes avocats et destiné à tester leur éloquence. Les sujets auxquels sont soumis les candidats sont toujours subtils, parfois philosophiques, souvent emberlificotés, voire spécieux. Mais on ne saurait évoquer la Conférence du stage sans mentionner sa petite sœur, la Conférence Berryer ▸**10-11**, qui obéit au même principe mais dans un registre bien plus fantaisiste. Ici, pas d'enjeu ni de concours ; on s'affronte pour le

10

seul plaisir de la joute oratoire. Les concurrents s'exposent dans l'arène à des ripostes cinglantes et des attaques vachardes sur leurs travers physiques (tics de langage ou physionomie). Une Berryer est un défouloir irrévérencieux, à mi-chemin entre le jeu de massacre et le rite de passage. Il est d'usage de convier à chaque séance un invité d'honneur issu du monde politique ou artistique dont la personnalité, l'engagement ou l'actualité détermine le thème de la plaidoirie – thème à double sens, volontairement farfelu ou absurde: «Sommes-nous sortis de l'auberge?» (invité: Cédric Klapisch), «Doit-on séparer l'écume du flot?» (Cécile Duflot), «Le barbier est-il rasoir?» (Christophe Barbier)... C'est drôle, savoureux, mordant, jubilatoire et ouvert au public (certains mercredis à 21 heures).

laconference.net

La Taverne Médiévale Les Caves Saint-Sabin

Pour un rapide et efficace «Retour vers le futur» (plutôt ambiance *Les Visiteurs*), filez à la Taverne Médiévale ▸**12**. Après avoir troqué vos vêtements contre un déguisement, vous fréquenterez désormais chevaliers, seigneurs et damoiselles, le tout dans une ambiance bon enfant. Les barrières sociales sautent, les uns dansent sur de la musique médiévale, tandis que les autres ripaillent ou boivent d'authentiques cervoises ! Dépaysement garanti.

50 rue Saint-Sabin, 11e. Facebook : Les caves Saint-Sabin

© SHUTTERSTOCK 12

© DR 11

6

NOS AMIES LES BÊTES

Nos compagnons à poils ou à plumes sont également au cœur de pratiques étranges ou novatrices, de leur vivant ou *post mortem*. Les animaux domestiques sont concernés mais aussi les bêtes de ferme, de plus en plus fréquemment appelées à la rescousse de l'homme pour des travaux d'entretien paysager.

© CAFÉ DES CHATS
1

Matous à la carte

Au Café des Chats ▸**1**, les petits félins sont rois. Une douzaine évolue en liberté dans la salle du restaurant, disposant de nombreux coussins et d'un parcours accro-plafond pour se dégourdir les pattes ou s'isoler. Toutes les papouilles sont permises, à condition de respecter quatre règles d'or: ne pas réveiller un minou qui dort, ne pas donner de nourriture, ne le forcer en rien et ne pas l'aveugler par un flash. Sur les tables, une carte des chats (à ne pas confondre avec le menu!) détaille les noms, parcours, caractères et préférences de chaque pensionnaire.

9 rue Sedaine, 11ᵉ

Bénis soient-ils

Ne soyez pas étonné de voir, le premier dimanche d'octobre, des paroissiens converger vers l'église avec leur animal de compagnie: siamois, yorkshire ou canari. Certaines paroisses pratiquent une bénédiction des animaux

© M. POURNY
2

domestiques à l'occasion de la fête de sainte Thérèse de Lisieux et de saint François d'Assise ▸**2**. Imaginez une trentaine de chiens de toutes races côtoyant des rangées de chats, de lapins et de perroquets! Dans une relative cacophonie, le cantique de la Création berce la cérémonie: le prêtre bénit un à un les animaux avant d'autoriser les photographies, présentées par ceux et celles qui n'ont pu déplacer leur compagnon. Cette bénédiction se déroule dans la crypte de l'église Notre-Dame-du-Perpétuel-Secours, à Ménilmontant, et sur le parvis de l'église Sainte-Colette des Buttes-Chaumont, la paroisse n'acceptant pas les animaux à l'intérieur.

Église Notre-Dame-du-Perpétuel-Secours, 55 boulevard de Ménilmontant, 11e • Église Sainte-Colette, 14 allée Darius-Milhaud, 19e

© ALAINEVEN

La Ferme Tropicale

Pas de poules ni de cochons dans cette ferme ▸**3** mais des bestioles à sang froid, non venimeuses: pythons, boas, trachydosaurus, iguanes, varans... Pour leur trousseau, prévoir lampe à infrarouge, mousse, racines et lianes artificielles. Pour leur manipulation, on s'inscrit aux ateliers pratiques. Pour leur casse-croûte, un assortiment de criquets, de vers, de larves, de grillons fera l'affaire. Entendu sur place: « Vous me mettrez six souris vivantes. Vous n'en avez plus? Dépannez-moi alors avec quelques cadavres congelés! »

54 rue Jenner, 13e

© DR

Palace canin

Unique en son genre, Actuel Dogs ▸**4** est un hôtel de luxe pour chiens. Ceux-ci peuvent s'ébattre dans une salle de jeux, se détendre avec un massage, se faire toiletter devant leur émission de télé préférée ou buller dans une piscine à température variable avant de rejoindre leur suite cosy ou de se dégourdir les pattes dans le bois de Vincennes, à un jet de laisse. Une doggycam' maintient le lien avec le propriétaire en adoucissant la douleur du manque. À ce service de gardiennage haut de gamme s'ajoutent des prestations de promenades individuelles ou en meute plébiscitées par ceux qui ne peuvent suivre le rythme de leur animal de compagnie.

3 rue Faie-Félix, 94300 Vincennes

5

Éco-pâturage

La réintroduction de l'animal dans la ville relève d'une démarche tant écologique qu'économique. La présence des bêtes permet en effet de s'affranchir de l'usage d'engins voraces en carburant tout en limitant les nuisances sonores. Laissant aux chevaux les travaux de débardage dans le bois de Vincennes ▶**5**, les moutons tondent de près les pelouses. Missionnés par un syndic d'immeuble ou une municipalité, ils se déplacent en brigade, fignolent les bordures et laissent le terrain nickel, nonobstant un chapelet de Zan. Leur professionnalisme a séduit les riverains de l'avenue de Breteuil qui leur ont confié leur pelouse ▶**6**. Petites et légères, des brebis de race Ouessant broutent méticuleusement sous le regard ébahi des passants. Elles pâturent aussi sur les talus du périphérique, les pelouses du Parc floral et des Archives de Paris. Les berges du canal de l'Ourcq sont pour leur part désherbées par des vaches ou des chèvres, que l'on retrouve également l'été dans les « ah-ah » (petits fossés) du jardin des Tuileries ▶**7**.

Bois de Vincennes, 12e • Avenue de Breteuil, 7e • Périphérique de la porte Dorée à la porte de Vincennes, 12e • Périphérique de la porte Dauphine à la porte de la Muette, 16e • Parc floral, route du Champ-de-Manœuvre, 12e • 18 boulevard Sérurier, 19e • Jardin des Tuileries, 113 rue de Rivoli, 1er

6

7

Lièvres en liberté

Dans l'enceinte des Invalides, des colonies de lièvres ▸**8** folâtrent entre les topiaires. Depuis des générations, ils font partie du décor, parfois à leurs dépens, comme ce fut le cas pendant l'Occupation. En ces temps de privations, le personnel de l'hôtel des Invalides améliorait en effet son ordinaire en transformant discrètement les bestioles en civets. D'autres lièvres ont élu domicile par dizaines au centre du rond-point de la porte Maillot, îlot de nature cerné d'une mer d'automobiles.

Hôtel national des Invalides, 129 rue de Grenelle, 7e • Porte Maillot, 17e

8

9

© MNHN

Zoothèque souterraine du Muséum

Devant le Muséum d'histoire naturelle s'étend l'esplanade Milne-Edwards, du nom d'un naturaliste, directeur de l'établissement de 1890 à 1900. Des grilles d'apparence anodine, ancrées dans le sol, signalent l'existence d'un véritable sanctuaire scientifique souterrain, méconnu du grand public car l'accès lui en est interdit. La zoothèque ▸**9**, créée en 1986, s'étage sur trois niveaux en sous-sol, à l'abri de la lumière et de la chaleur. Y sommeillent plus de huit millions d'animaux naturalisés, des plus banals aux plus étranges. Un spécimen de chaque espèce connue, vivante ou disparue, se trouve ici conservé dans de l'alcool, naturalisé ou à sec. Les échantillons de cette fabuleuse Arche de Noé servent de références aux zoologistes du monde entier. Y figurent notamment les «étalons» à partir desquels fut décrite telle ou telle espèce par des chercheurs pionniers. Seuls quelques visiteurs privilégiés, parmi lesquels des chercheurs et des chefs d'État, franchissent les grilles de ce sanctuaire.

Jardin des Plantes, 14 rue Cuvier, 5e

Les écorchés de Fragonard

Le musée de l'École vétérinaire de Maisons-Alfort ▸**10** expose des pièces anatomiques étranges. La salle de la tératologie (étude des malformations) rassemble divers monstres: corps sans tête, poule à quatre pattes, mouton à huit pattes, monstres en Y (deux têtes pour un seul tronc), en lambda (deux troncs pour une seule tête)... La vitrine des anomalies montre un veau bouledogue, la main d'un géant de 2,50 mètres et une «sirène humaine». Plus loin s'alignent des objets disparates extraits d'estomacs d'animaux, dont un bas de laine calcifié ayant séjourné deux ans dans une vache. Dans le cabinet de curiosités sont conservés les écorchés d'Honoré Fragonard, cousin du célèbre peintre libertin, série de corps humains et animaux embaumés et décharnés dans un but didactique, de façon à révéler leur structure interne. Maîtrisant à la perfection l'art de la dissection, l'anatomiste a poussé l'audace jusqu'à figer ses écorchés dans des postures théâtrales. Sa pièce maîtresse, *Le Cavalier et sa monture*, évoque *L'Apocalypse* de Dürer, tandis que *L'Homme à la mandibule* figure Samson. Regards menaçants, rictus glaçants, ronde de fœtus: frissons macabres garantis!

7 avenue du Général-de-Gaulle, 94700 Maisons-Alfort

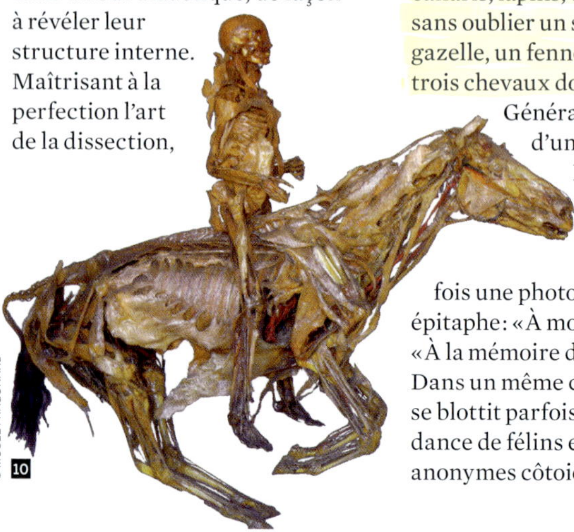

10

Cimetière animalier d'Asnières

Le cimetière animalier d'Asnières ▸**11**, créé en 1899, est un pionnier du genre. Il s'étend en bord de Seine dans un fouillis de stèles que taquinent des racines de marronniers. Pour les allées comme pour les tombes, l'échelle est lilliputienne. Plus de 100 000 animaux reposent ici: chiens, chats mais aussi poules, perroquets, canaris, lapins, tortues, hamsters sans oublier un singe, un lion, une gazelle, un fennec, un maki et trois chevaux dont un de course. Généralement gravées d'un seul nom (Milou, Pompon, Whisky ou Ouméou Méou), les stèles comportent parfois une photo ou une courte épitaphe: «À mon Joujou, Mémé», «À la mémoire de Gribouille»... Dans un même caveau de famille se blottit parfois toute une descendance de félins et de canidés. Les anonymes côtoient des vedettes

11

© M. TURIN

(Rintintin) ou des animaux de célébrités tels les chats de Cléo de Mérode ou de Sacha Guitry, les chiens de Courteline et de Saint-Saëns. Les pedigrees se mêlent aux bâtards, les caveaux dorés sur tranche voisinent avec des épitaphes bricolées sur des planchettes. Certaines tombes font l'objet de touchantes attentions: toilettées, fleuries, décorées de lampions, d'os à ronger, de souris en peluche... Tout est permis, à l'exception de symboles religieux, interdits par l'Église qui considère que les animaux n'ont pas d'âme.

4 pont de Clichy, 92600 Asnières-sur-Seine

Exterminator

Les rats, que l'on dit aussi nombreux que les Parisiens, sont des charognards à la fois utiles et redoutés: ils désengorgent les égouts des détritus organiques mais véhiculent aussi diverses maladies transmissibles à l'homme, comme le bacille de la peste, la leptospirose, la salmonellose, la streptobacillose ou le sodoku. Le rat nage, plonge, crapahute dans les conduits d'eaux-vannes des immeubles et franchit les siphons. Il creuse des galeries, escalade les murs en crépi, saute jusqu'à 60 centimètres de haut et 4,5 mètres de long. Cet acrobate ronge tout ce qu'il trouve, causant des courts-circuits, des incendies, des fuites d'eau... Vorace, il consomme un tiers de son poids de nourriture chaque jour et se reproduit à vitesse grand V. Les établissements Aurouze lui livrent depuis 1872 une guerre sans merci, développant des appâts sophistiqués. La gourmandise est le meilleur moyen pour piéger l'animal. Paris n'est pas non plus à l'abri du termite de Saintonge, semblable à une fourmi blanche, qui grignote certains quartiers parisiens (Épinettes et Ternes, 17e; Gare, 13e; Muette, 16e). La vitrine d'Aurouze ▶**12**, avec ses énormes rongeurs exposés tels des trophées, attire la curiosité des badauds. Une apparition dans le film *Ratatouille* lui a assuré une célébrité au-delà des frontières.

8 rue des Halles, 1er

12

PAPILLES EN DÉROUTE

Un plat, une bouchée, une gorgée et voilà le palais désarçonné, tourneboulé, dans l'incapacité d'affirmer : « J'aime » ou « Je n'aime pas ». Les adresses ci-dessous sont réservées aux aventuriers papillaires munis d'un estomac résistant à toute épreuve.

Potion magique

Pousser la porte de Sol Semilla ▶**1** revient à se faire du bien tout en perdant ses repères. Dans ce restaurant bio et vegan, chaque plat et chaque boisson contiennent des superaliments. Ces produits naturels encore méconnus ont une richesse nutritionnelle exceptionnelle. Les profanes peuvent ici se familiariser avec l'urucum, le nopal, la maca, la lucuma, l'aguaymanto... La klamath et la chlorelle, deux algues, s'apprivoisent par le biais de cocktails bleu lagon ou vert gazon. Les irréductibles Gaulois préféreront peut-être une Potion magique dont la formule est enfin révélée: jus de poire bio, acérola et griffe du chat (liane boostant les défenses immunitaires). Point de sorcellerie ici mais une démarche alliant sérieux, éthique et plaisir.
23 rue des Vinaigriers, 10e

1

© C. BRADIER

2

© 42 DEGRÉS

À cet intérêt santé s'ajoute une découverte gustative, le cru révélant le goût originel des aliments, souvent oublié ou masqué.

109 rue du Faubourg-Poissonnière, 9e

Autour d'un ver

Pour tester son degré d'audace et faire le plein de protéines, direction Inoveat ▶**3** où les insectes agrémentent avec raffinement le menu: torsades aux ténébrions, brownies choco-grillons... Idéal pour surmonter sa répulsion, satisfaire sa curiosité et avoir le lendemain une anecdote croustillante à poster. On peut aussi les croquer en mode apéro, en dégustation initiation, tout au long de la journée. Le chef élève une partie des bestioles sur place, dans une mini-ferme qui se présente sous la forme d'une grande boîte compartimentée. Dedans, ça grouille, ça se tortille... Miam !

Inoveat, 5 rue Marie-Stuart, 2e

3

© INOVEAT

Crudivore

Le 42 Degrés ▶**2**, autre restaurant bio et vegan, s'adonne à la «cruisine» ou *raw food*. Cela consiste à confectionner des plats à partir d'aliments crus ou déshydratés afin de garder intacts tous leurs nutriments, vitamines et enzymes. En effet, ceux-ci sont détruits lorsqu'on les porte à une température supérieure à 42 degrés.

4

Spécialités chinoises

Une excursion dans le quartier chinois de Paris peut se révéler dépaysante pour les papilles. Les plus aventureux choisiront, sur la carte des restaurants, de la salade de méduse, des langues de canard, des pattes de poulet, des abalones, des holothuries ou des nids d'hirondelle. Il est plutôt l'heure de prendre un thé? Qu'à cela ne tienne, celui-ci s'accompagne de pâtisseries atypiques ▶**4**, à base d'ingrédients inattendus, parfois salés. Leur goût est vraiment «spécial», quasi extraterrestre pour un palais européen: feuilletés aux œufs de cent ans, brioches vapeur fourrées

5

© SHUTTERSTOCK

à la crème de lotus, beignets aux haricots rouges, gâteaux de lune parfumés aux ailerons de requin... La palme de l'étrangeté revient au durian ▶**5**, un fruit hérissé de piquants et au goût puissant qui se décline en de multiples desserts. À découvrir chez Nouveau Yv Nghy ou Pâtisserie de Saison, deux adresses voisines, ou mieux, à La Pâtisserie de Choisy où tout est fait maison (pas importé).

Nouveau Yv Nghy, 67 avenue d'Ivry, 13e • Pâtisserie de Saison, 65 avenue d'Ivry, 13e • La Pâtisserie de Choisy, 62 avenue de Choisy, 13e

Baguette magique

Dans le Marais, les allusions grivoises aux miches de la boulangère sont hors de propos. On peut en revanche filer la métaphore avec la baguette et les boules du boulanger. La boulangerie-pâtisserie Legay Choc ▶**6** joue non sans impertinence avec les codes du gay Paris en proposant des pains en forme de sexe masculin (demandez la baguette magique) ainsi que des brioches, des galettes des rois et des meringues (les fameuses bistouquettes). À offrir ou à croquer en toute innocence au goûter.

33 rue Rambuteau , 4e

6

EXPÉRIENCES À VIVRE

Mettre le nez dehors, aller boire un verre entre amis ou s'installer autour d'une table, bonne idée, à condition que le lieu ait un truc en plus : clandestinité, obscurité, grain de folie…

L'amour est enfant de bohème

S'inspirant des dîners du XVIIIe siècle à la Scala de Milan, le Bel Canto ▸1 invite des chanteurs d'opéra en duo, trio ou quatuor, accompagnés d'un pianiste, à déambuler entre les tables pour interpréter les classiques du répertoire. On se surprend même à pousser la chansonnette avec eux. Dans l'assiette c'est pas mal non plus et la vue sur les quais s'avère exquise !

72, quai de l'Hôtel-de-Ville, 4e • lebelcanto.com

1

© LE BEL CANTO

Dîner à tâtons

Le restaurant Dans le Noir ▸2 place les convives, le temps d'un repas, dans la peau d'un non-voyant. Plongé dans l'obscurité la plus totale, on pénètre dans la salle à manger à la queue leu leu, la main posée sur l'épaule de son voisin. À tâtons, les doigts s'aventurent pour localiser verre, couverts et salière. Le menu surprise s'apparente à un jeu de devinettes gustatives mettant en éveil tous les sens « valides ». En résulte une belle expérience, ludique, humaine et sensorielle.

51 rue Quincampoix, 4e

2

© DANS LE NOIR

Speakeasy

Les bars et restaurants cachés, accessibles aux seuls initiés, se multiplient. Ils sont directement inspirés des *speakeasy*, ces établissements où, pendant la Prohibition (dans les années1920, aux États-Unis), on passait commande d'alcool en chuchotant. Le plus

3

© VGROUPE

4

étonnant se dissimule dans une laverie ▸**3**. En actionnant la porte du sèche-linge du Lavomatic, un déclic s'opère. Apparaît alors un escalier très sombre, lequel mène à un lumineux appartement. Dans une atmosphère intimiste, on y déguste le soir, perché sur des chaises-balançoires, de savoureux cocktails et des p'tits plats maison. Pour la Candeleria, une cantine mexicaine sert de couverture à l'établissement, antre feutrée aux allures de grotte *arty*. Idem à la trattoria Da Vito: prière de traverser la salle carrelée, de pousser la porte de la chambre froide ▸**4**, slalomer entre les produits frais et franchir une autre porte pour atteindre le Moonshiner, bar tamisé griffé années 1920. Dans un registre plus exotique, le restaurant Elaichi dissimule dans ses tréfonds un bar à cocktails indien: Le Baranaan. L'hôtel quatre étoiles 1K (comme Inca) possède quant à lui deux bars: le 1KParis et sa sœur cachée: La Mezcaleria. Pour y accéder, il faut se laisser guider à travers les cuisines de l'hôtel par «un lutteur masqué ou une hôtesse latino». La culture sud-américaine est à l'honneur, tant dans le décor que dans la nature des breuvages et des amuse-bouches (sauterelles grillées pour les plus téméraires).

Lavomatic, 30 rue René-Boulanger, 10e • Candeleria, 52 rue de Saintonge, 3e • Moonshiner, 5 rue Sedaine, 11e • Le Baranaan, 7 rue du Faubourg-Saint-Martin, 10e • La Mezcaleria, 13 boulevard du Temple, 3e

Régler en grouins

À La Pointe du Grouin, tanière du chef Thierry Breton, seul a cours le grouin, monnaie locale. Il faut donc, en entrant, passer devant le distrigrouin ▸**5**, ancienne

5

machine de station de lavage auto, pour convertir ses euros (1euro = 1grouin). Muni des précieux jetons, on peut alors passer commande. Les grouins restants ne sont pas remboursables mais valables éternellement. Conservez-les donc précieusement dans votre porte-grouins (qui est offert). Le concept visait au départ à limiter les risques d'erreur dans le rendu de monnaie et à faciliter le service derrière le comptoir. Pratique mise à part, il amuse le client et fait écho aux monnaies locales qui circulent actuellement en Bretagne.

8 rue de Belzunce, 10e

6 © V. ANCEAUME

Jeux de jambes

Une fois n'est pas coutume, au Calbar ▶**6**, ce sont les femmes qui se rincent l'œil en suivant les allées et venues des serveurs. Les mâles de service officient en effet sans pantalon mais avec chemise et nœud papillon. Si la tenue est décontractée, les prestations en matière de cocktails sont de haute volée: les barmen maîtrisent à la perfection l'art de la mixologie, médailles professionnelles à l'appui.

82 rue de Charenton, 12e

Ciné déjanté

The Rocky Horror Picture Show ▶**7** est un ovni cinématographique, un film en mode interactif, diffusé au Studio Galande depuis 1978 sans interruption. Les spectateurs ont un rôle à jouer tout au long de la projection car (presque) tout ce qui se passe à l'écran est reproduit dans la salle. S'agit-il d'un mariage? Le riz vole sur les têtes. D'un orage? Arrosage collectif, etc. The RHPS est considéré comme un film culte par plusieurs milliers de fans dans le monde. Quel que soit le pays, certaines répliques ou jeux de mots, en anglais, fusent invariablement. Ainsi, après chaque coup de gong, il faut hurler: «Master, diner is prepared!» Avec impertinence, les acteurs utilisent divers accessoires et costumes farfelus. Un manuel de civilité récapitulant les règles de base est distribué à l'entrée aux «virgin viewers».

42 rue Galande, 5e

7 © DR

8

Toilettes d'exception

Se retirer au petit coin peut être une expérience en soi. Le Belushi's, à la fois auberge de jeunesse et bar branché, offre à ses usagers mâles la surprise d'urinoirs en forme de bouches béantes ▶**8** – référence directe à l'emblème des Rolling Stones qui figurait sur la pochette de l'album collector *Sticky Fingers* (1971). Mieux vaut avaler plusieurs pintes avant de se soulager dans les toilettes geek du Dernier Bar Avant la Fin du Monde. Les pissotières high-tech des messieurs ▶**9** sont dotées de capteurs infrarouges permettant de jouer en réseau avec le jet d'urine en guise de joystick. Un message «*Pee to start*» (Pisser pour commencer) s'affiche sur l'écran au démarrage. Côté dames, on se distrait avec un quizz musical (*playlist random*), l'ouverture de la porte déclenchant le lancement de jingles aléatoires.

9

Belushi's, 159 rue de Crimée, 19e • Dernier Bar Avant la Fin du Monde, 19 avenue Victoria, 1er

© DR

10

Dîner en blanc

Réunir sans aucune autorisation préfectorale plus de 10 000 personnes pour un pique-nique géant ▶**10** en un lieu prestigieux de la capitale est un exploit chaque année renouvelé. Cet événement très sélect se déroule au mois de juin en un lieu tenu secret jusqu'au dernier moment. Le succès de la manifestation réside dans une organisation quasi militaire, à la minute près.

paris.dinerenblanc.info

Critérium sauvage

Chaque année à la fin septembre, Ménilmontant voit déferler une horde de joyeux fadas qui s'affrontent lors d'une course débridée ▶**11** dans les rues escarpées du quartier. Ils doivent faire dix tours d'un circuit en forme de huit, juchés sur toutes sortes d'engins roulants : caisses à savon, pédalos urbains, trottinettes géantes, tricycles, tandems, chaises de bureau... Le matériel vélocipédique doit être composé d'au moins une roue mue par la force mécanique, intellectuelle ou pataphysique des concurrent(e)s. La fontaine Henri-IV abreuve au final les compétiteurs.

42 bis rue des Cascades, 20e

© E. VEYMONT

11

© L'ÉCRAN POP

L'Écran pop

Les fans de comédies musicales seront comblés lors des soirées organisées par l'Écran Pop ▸**12**. Le concept ? Des projections des *musicals* emblématiques de la pop culture (*Grease*, *Dirty Dancing* ou *Bohemian Rhapsody*) en mode karaoké. La soirée commence par un quiz, se poursuit par un concours du meilleur costume, ce qui fait que, quand le film démarre, l'ambiance est déjà électrique. Les paroles des chansons en sous-titres permettent à ceux qui ne les connaissent pas encore sur le bout des doigts de s'en donner à cœur joie. Confettis, serpentins et ballons sont aussi de la partie. Inoubliable !

lecranpop.com

Fête des charcutiers

Chaque troisième dimanche de novembre, la corporation des charcutiers-traiteurs converge vers l'église Saint-Eustache, paroisse des Halles intimement liée aux métiers de bouche. Depuis plus de deux cents ans, une « messe du souvenir » ▸**13** réunit les descendants des travailleurs de la « chair cuite ». De généreux plateaux de cochonnailles sont portés en procession par les Compagnons de saint Antoine,

© A. PIECHAUD

Meilleurs Ouvriers de France. La cérémonie comprend des remises de médailles et un hommage aux disparus de l'année. Elle s'achève par une prière au « bon Dieu du pâté en croûte ». Un grand buffet à la lueur des cierges clôt la soirée.

Église Saint-Eustache, 2 rue du Jour, 1er

Dans le plus simple appareil

Plonger intégralement nu dans une piscine olympique ou faire du sport sans aucun maillot qui gêne aux entournures, voilà ce que propose l'Association des naturistes de Paris à ses membres ▸**14**. Si l'idée d'abandonner le monde textile vous tente, téléchargez sur le site le sésame qui vous permettra de tester gratuitement la nudité intégrale en mode natation, aquagym, aérobic, bowling ou yoga. Le bois de Vincennes, enfin, dispose d'une zone réservée aux naturistes, entre avril et octobre.

naturistes-paris.fr • Piscine Roger-Le Gall, 34 boulevard Carnot, 12e • Bois de Vincennes, en dessous de la réserve ornithologique, entre l'allée Royale et la route Dauphine, 12e

Canines sur mesure

Darkland ▸**15** est une échoppe bien connue des adeptes des cultures underground: vampiric, métal, fetish, médiéval, steampunk et

15

14

© ANP

cyber goth. Ils s'y habillent de pied en cap et remplissent leur sacoche de filtre d'elfe à base de violette, hypocras viking, faux sang, lunettes de soudeur et lentilles changeant la couleur de l'iris. Regard de poupée, de loup-garou ou de félin, de quoi changer chaque jour de la semaine. L'adresse est aussi connue pour héberger trois fois par an, pendant une semaine, Father Sebastiaan, gourou de la scène vampirique internationale, prothésiste dentaire professionnel spécialisé dans les crocs de vampire. Sur mesure et amovibles, ils sont parfaitement adaptés à la vie diurne ou nocturne.

3 rue Sauval, 1er

17 © MAIRIE DU 18E

Coupe à la pleine lune

Une fois par mois, les nuits de pleine lune, le coiffeur Djelani Maachi ▸**16** ouvre son salon en nocturne pour tailler, couper, rafraîchir, désépaissir... La qualité et la repousse de la chevelure sont en effet accrues quand la lune est pleine, ronde et brillante. C'est en plein air, sur une place des Victoires baignée de lumière lunaire, près de la statue de Louis XV, que le maestro Djelani officie. Magique.

40 rue Coquillière, 1er

16 © D. MAACHI

J'ai l'honneur de ne pas te demander ta main

En écho à la célèbre chanson de Georges Brassens, les amoureux non conformistes peuvent exprimer leur flamme devant monsieur le maire et en public lors de la cérémonie de non-demande en mariage ▸**17**, programmée chaque année pendant la fête des Vendanges de Montmartre.

fetedesvendangesdemontmartre.com

EXPRESSIONS ARTISTIQUES

L'ART QUI DÉCONCERTE

L'art ne se rencontre pas seulement dans les musées, il investit aussi l'espace urbain, dilué dans le décor de la rue ou retranché en des lieux incertains. Il interpelle, captive, dérange, hérisse mais jamais ne laisse indifférent.

Cœurs barbouillés

Il était courant aux XVIIe et XVIIIe siècles d'embaumer le cœur des rois, reines, princes et princesses. L'organe était extrait de la dépouille, elle-même embaumée, placé dans une urne et expédié dans un lieu cher au défunt: un monastère, un château, un fief de province... La chapelle du Val-de-Grâce accueillit à elle seule une cinquantaine de cœurs royaux. À la Révolution, les sans-culottes se disputèrent les riches reliquaires dont le contenu était quant à lui très convoité par les artistes peintres. Ceux-ci extrayaient des cœurs embaumés une substance brunâtre appelée «mumie» qui, mélangée à de l'huile, produisait sur une toile un glacis incomparable. Cela ne marchait pas aussi bien avec des organes de porcs ou de bœufs. Seuls les cœurs humains embaumés avec des aromates spécifiques sécrétaient ce liant organique pour lequel les peintres se livraient une guerre sans morale

1

ni pitié. Des droguistes étrangers en vendaient, en provenance de cadavres que les juifs d'Orient conservaient à l'aide d'aromates résineux et de bitume de Judée. Mais la substance était rare et chère. Les profanations révolutionnaires furent une manne pour les artistes. Michel-Martin Drolling acquit pour son usage personnel onze cœurs de princes et princesses de sang venant de la chapelle du Val-de-Grâce. Il s'en servit pour peindre son *Intérieur d'une cuisine* ▸**1**, conservé au Louvre. Son ami Alexandre Pau de Saint-Martin s'approvisionna en l'église Saint-Louis-des-Jésuites (actuelle église Saint-Paul-Saint-Louis), récupérant les cœurs de Louis XIII et Louis XIV. Le second, le plus gros, fut partiellement utilisé pour un portrait de Marat. Le premier demeura intact. À la Restauration, le peintre eut la courtoisie de le restituer à Louis XVIII, ainsi que les miettes du palpitant du Roi-Soleil.

Troublantes miséricordes

Les stalles qui bordent sur une double rangée le chœur de l'église Saint-Gervais ▸**2** sont chacune dotées d'une miséricorde (ou patience), support en forme de cul-de-lampe fixé au-dessous du siège et qui se relève avec lui. Ce dispositif servait à soutenir le postérieur des religieux lorsque l'office s'éternisait et que la liturgie exigeait une station verticale. Uniques en leur genre à Paris, ces miséricordes sont décorées de sculptures représentant diverses corporations : un écrivain public, un architecte, un

2

boulanger qui enfourne son pâton, un tonnelier, des vendangeurs, un cordonnier, deux rôtisseurs, un batelier... À ces scènes de la vie quotidienne du Moyen Âge s'en ajoutent d'autres, plus licencieuses (au premier rang de la travée de gauche): un couple adultère dérangé par le mari, un homme et une femme prenant un bain ensemble, un homme accroupi et coiffé d'un bonnet à oreilles d'âne qui défèque sur le seuil d'une porte ou encore un individu déculotté chauffant son derrière aux flammes d'une cheminée.

Église Saint-Gervais-Saint-Protais, place Saint-Gervais, 4e

Anomalies

Pierre-Jules Pomateau, le sculpteur du crocodile présent sur la fontaine Cuvier ▸**3**, aurait dû se documenter sur la morphologie du saurien, physiologiquement incapable de se dévisser le cou à 90 degrés. Le cheval que chevauche Louis XIV sur la place des Victoires ▸**4** possède pour sa part une queue d'une longueur extravagante. Descendant jusqu'au sol, elle joue un rôle d'étai et de contrepoids. La monture de Louis XIII, au centre de la place des Vosges ▸**5**, est bizarrement portée par un tronc d'arbre. La statue en bronze

4

5

3

d'origine fut fondue pendant la Révolution. En 1825, une remplaçante fut commandée à Cortot qui jugea bon d'utiliser du marbre et non du bronze. Hasardeuse fantaisie car le marbre se fissura sous le poids du groupe équestre. D'où la présence de cette béquille incongrue soutenant l'ensemble.

Angle des rues Cuvier et Linné, 5e • Place des Victoires, 2e • Square Louis-XIII, 4e

Bibliothèque impossible

Le passant distrait ne voit dans cet étroit trompe-l'œil qu'une banale bibliothèque s'étageant sur sept rayonnages. Une cinquantaine d'ouvrages s'y côtoient: romans, biographies, essais… tous imaginaires. Aucun n'a été réellement écrit, publié. Ils existent cependant, sous forme d'allusions, dans de véritables romans. Ici, les *Mémoires du chevalier de Hadoque* (croisées dans *Le Secret de la licorne*, de Hergé), là un *Projet de constitution pour un État idéal*

6

signé du baron Côme Laverse du Rondeau (héros du *Baron perché*, d'Italo Calvino), etc. Cette subtile mise en abyme est l'œuvre ▶**6** de l'artiste plasticien Jacques Bertin et de l'oulipien Jacques Jouet.

119 rue Raymond-Losserand, 14e

Bestiaire décalé

Une chauve-souris couvrant de ses ailes la butte Montmartre ▶**7**, une araignée tissant sa toile, un rat

7

8

grimpant lascivement sur un chat ▶**8**… L'ornementation des balcons et du fronton de cet immeuble des années 1930 laisse perplexe. Ni l'architecte ni le sculpteur n'ont signé leur réalisation.

19 rue du Mont-Cenis, 18e

9

Fresques ignorées

Le clocher de l'église Notre-Dame-de-la-Croix abrite un ensemble de fresques ▶**9-10-11** auréolées de mystère. Rares sont ceux qui en connaissent l'existence car elles se trouvent dans la pièce abritant le mécanisme des horloges et dans celle donnant accès aux cloches, toutes deux interdites au public. Le nom et les motivations des artistes demeurent incertains. Le pluriel est de mise car il semble que deux hommes soient à l'origine de l'œuvre. Une signature elliptique l'atteste: 1882, com[mencé par] F: 1891, ter[miné par]... Deux artistes, deux styles: l'un se distingue par un tracé au fusain estompé, tout en finesse, avec des dégradés, des effets graphiques et des rehauts de sanguine; l'autre travaille au noir de charbon, son style est plus

10

sculptural, ses volumes sont plus marqués, plus sombres. Certains sujets ont été grattés avec une pointe, ce qui leur donne du relief. Les artistes ont utilisé les stries

11

laissées par la gradine (outil qui permet d'aplanir la pierre) pour traduire le côté rugueux d'une écorce par exemple. On suppose que ces dessinateurs étaient des sonneurs de cloche exerçant par ailleurs un autre métier à caractère artistique: peintres de décors de théâtre ou d'enseignes. Quoi qu'il en soit, il s'agissait de personnes cultivées, connaissant parfaitement l'histoire sainte et maîtrisant plusieurs techniques (esquisse, gravure). Dessiner devait être un passe-temps et un moyen d'agrémenter leur lieu de travail mais peut-être aussi une forme de critique sociale. Les vices et les vertus se répondant de part et d'autre du mécanisme central de l'horloge transposent des paraboles de l'histoire sainte dans la société du Second Empire. Fascinant et glaçant.

3 place de Ménilmontant, 20ᵉ. Visites lors des Journées européennes du Patrimoine.

Des talents fous

Vous êtes rebuté par le battage médiatique et l'affluence associés aux grandes expositions? Faites un pas de côté et poussez la porte du MAAHSA, musée d'Art et d'Histoire de l'hôpital Sainte-Anne ▶**12**. Dans de belles caves voûtées s'exposent des œuvres de malades mentaux, à la faveur d'accrochages thématiques. Les surréalistes, André Breton et Jean Dubuffet en particulier, furent parmi les premiers à se soucier

12

de ces productions artistiques qu'ils portaient aux nues en les comparant à de l'art brut. À la collection ancienne du musée (500 œuvres réalisées entre 1890 et 1960, inscrites dans les mouvements artistiques de leur époque) s'ajoute un fonds contemporain peint par les patients-artistes. Ces productions fort expressives suscitent un intérêt purement esthétique par leur profondeur et la qualité de l'émotion qu'elles

distillent. Certains artistes tels que Guillaume Pujolle, Aloïse Corbaz ou Albino Braz ont d'ailleurs acquis une renommée mondiale et l'étiquette de «primitifs du XXe siècle».
1 rue Cabanis, 14e

Galerie des promos

Les boyaux souterrains des anciennes carrières sont un terrain d'application idéal pour les étudiants de l'école nationale supérieure des Mines de Paris. Depuis les années 1850, ils y descendent régulièrement avec leurs enseignants pour des exercices de topographie, grâce à un escalier reliant directement l'école à la galerie Saint-Jacques, sous la rue de la Tombe-Issoire. Une tradition née dans les années 1960 veut

14

13

qu'une fresque soit réalisée chaque année à partir de la mi-novembre et inaugurée le 4 décembre, soir de la Sainte-Barbe (patronne des mineurs), en présence d'une personnalité publique qui fait office de marraine de la promo. Au début, il ne s'agissait que d'apposer, dans une allée reculée, l'année, le nom de la marraine et le logo de l'ENSMP (une lampe, une masse et un maillet). Mais à partir de 1988, ces inscriptions prirent l'ampleur de belles fresques ▸**13-14**. Pour les réaliser, les étudiants bénéficient d'une autorisation spéciale et temporaire d'accès aux carrières, délivrée par l'Inspection générale des carrières.
Sous la rue de la Tombe-Issoire, 14e

L'avant-garde aux Frigos

Les anciens entrepôts frigorifiques de Paris-Ivry, en fonction de 1921 à 1971, ont été investis dans les années 1980 par des artistes de tous horizons. Ceux-ci engagèrent des travaux d'envergure pour transformer les locaux inhospitaliers en ateliers fonctionnels: percement de fenêtres dans des murs en béton armé de 70 centimètres, isolation, installation d'eau, d'électricité, etc. Les nombreuses tuyauteries qui alimentaient les chambres frigorifiques courent encore le long des couloirs, rongées par la rouille. Elles donnent un côté industriel «brut de décoffrage» à ce site devenu creuset de la création contemporaine ▸**15**. N'hésitez pas à y pénétrer, à vous aventurer dans les étages, à parcourir ses couloirs. Un coup de sonnette suffit ainsi à vous annoncer à l'entrée du «Frigo 6», un atelier de quatre artistes en libre accès.

19 rue des Frigos, 13e

La Ty2, un anti-monument

L'œuvre la plus étonnante, voire la plus dérangeante, des Frigos *(voir ci-dessus)* ▸**16** se trouve au rez-de-chaussée, dans un atelier associatif où travaille son auteur,

15 © DR

16

© J.-M. FROUIN 16

Jean-Michel Frouin. L'artiste imagina un jour de 1990, en Pologne, de peindre une locomotive à vapeur. Pas sur une toile mais sur la machine elle-même. Puis de déplacer l'objet peint de Cracovie à Paris; l'objectif étant *in fine* que l'œuvre s'inscrive dans le nouveau quartier de la ZAC Rive Gauche. Jacques Toubon, alors maire du 13e arrondissement, soutint le projet. Les chemins de fer polonais offrirent à la Ville de Paris la loco Ty2993, qui partit de Pologne le 6 juin 1994, les bandeaux de ses roues recouverts d'une peinture blanche phosphorescente visible la nuit. Elle arriva le 18 juin à Paris-Tolbiac, dans l'ancienne gare frigorifique du réseau d'Austerlitz, un écrin qu'elle n'a plus quitté. L'histoire de cette œuvre ne se limite pas là mais se poursuit aujourd'hui par un ubuesque *statu quo* administratif sur la question de sa propriété. La présentation du don au conseil municipal est en effet restée en suspens depuis plus de vingt ans au motif qu'une fois peinte la locomotive serait devenue la propriété de l'artiste. Ce que celui-ci conteste catégoriquement. La loco porte par ailleurs une charge autrement plus lourde. Entre sa mise en circulation, le 29 décembre 1944, et sa réforme, en janvier 1991, la Ty2993 a sillonné l'Europe de l'Est sur des milliers de kilomètres. A-t-elle, ou non, été utilisée en 1945 pour déporter des juifs ou évacuer les camps? Ce point sensible suscita une violente campagne de presse contre l'artiste, bien rapidement accusé d'un fétichisme suspect.

19 rue des Frigos, 13e. Ouvert pour des visites individuelles ou des groupes constitués lors des Journées Portes ouvertes.

Pas-de-porte

Jusqu'en 2006, il n'y avait à cette adresse qu'un mur aveugle, triste et nu. Soudain, une porte est apparue ▸**17**. Reprenant les codes architecturaux du quartier du Marais, elle s'accompagnait d'une plaque professionnelle: « JB & SB Spécialistes ». Notaires?

17

Médecins ? Plutôt les initiales d'un duo de performeurs facétieux (Julien Berthier et Simon Boudvin). Le châssis en contreplaqué peint, d'une épaisseur de 10 centimètres sur 2,20 mètres de haut, fut monté et collé en trente minutes. Neuf ans plus tard, il est toujours là ! Le faux numéro de rue (1 bis) qui l'accompagnait a disparu. En revanche un pissepala (dispositif anti-pipi) est venu s'ajouter au décor, pérennisant de fait la fausse adresse (le châssis étant désormais pris dans le béton). Les détails de l'opération sont sur le site **JULIENBERTHIER.ORG**

1 bis rue Chapon, 3e

Galerie L'Inlassable

À ceux et celles qui n'osent mettre un pied dans une galerie d'art, nous conseillons cet espace d'exposition atypique ▸**18**, le plus exigu de Paris. Il se compose d'une vitrine sur rue, éclairée jour et nuit, que jouxte un œilleton. Glissez un œil dedans et vous y verrez… chut ! vous verrez bien.

18 rue Dauphine, 6e

18

Remarques d'artistes

Ainsi appelle-t-on une curiosité ornementale glissée par un peintre, un sculpteur ou un compagnon dans son ouvrage. Clin d'œil, marque d'humour ou de dérision, elle interpelle, étonne et contribue à donner un sens et de l'ampleur à une œuvre, parfois sous la forme d'un message capté par les seuls initiés.

19

La ruse du marquis

Louvois, ministre de Louis XIV, était fort vaniteux. En plusieurs endroits des Invalides, il fit sculpter ses armoiries auprès de celles du roi, lequel s'empressa de les faire effacer. Le marquis dépité trouva une astuce pour demeurer à jamais présent aux Invalides : il fit sculpter sur une lucarne de la cour d'honneur un loup aux yeux grands ouverts (« le loup voit ») ▸**19**.

Hôtel national des Invalides, 129 rue de Grenelle, 7e

Armoiries parlantes

L'abside de l'église Saint-Germain-l'Auxerrois s'orne d'une frise de carpes coupées en tronçons ▸**20** – hommage discret au sieur Jehan Tronson, maître drapier qui,

20

21

la Fidélité. La première exhibe effrontément son postérieur ▸**22**, pied-de-nez revanchard du sculpteur Dumont que l'on dit mécontent de n'avoir pas été convenablement payé par son

au XVIe siècle, finança la reconstruction de l'église. L'architecte Viollet-le-Duc convoqua lui aussi un animal, un hibou grand-duc ▸**21**, pour signer la maison édifiée pour son usage personnel en 1862.

Saint-Germain-l'Auxerrois, 9 rue de l'Arbre-Sec, 1er • 68 rue Condorcet, 9e

22

Pied-de-nez

Dans la salle des pas perdus du Palais de Justice, le monument dédié à Malesherbes est encadré de deux figures féminines, l'une symbolisant la France, l'autre

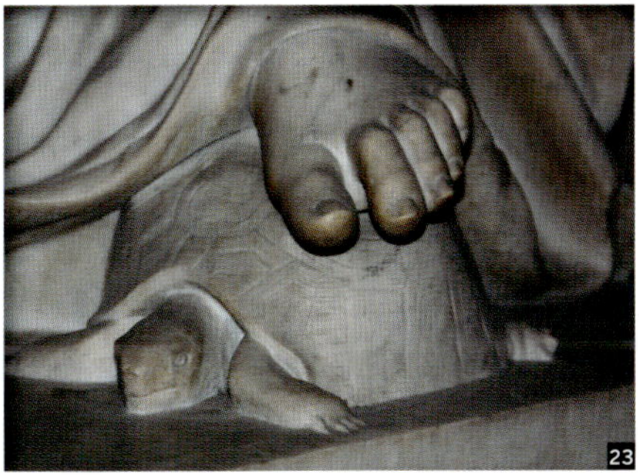
23

commanditaire, en l'occurrence la France, sous le régime de la monarchie constitutionnelle. Face au monument de Malesherbes se dresse celui de l'avocat Berryer. Le sculpteur Chapu a malicieusement glissé sous le pied de l'Éloquence (à droite) une tortue ▸**23**, symbole de la nécessaire lenteur de la Justice.

10 boulevard du Palais, 1er

24

Anamorphose et rébus

Sur la façade du théâtre Saint-Georges s'exhibe une anamorphose ▸**25** reprenant les codes néo-classiques du quartier de la Nouvelle-Athènes. L'artiste Dominique Antony a en outre glissé un rébus sous le fronton triangulaire, à droite de la tête de dragon (clin d'œil au monstre terrassé par saint Georges) : Thé Âtre Singe Or Jeu ▸**26**.

51 rue Saint-Georges, 9e

Image d'Épinal

Le château de Vincennes s'orne d'un motif décoratif unique en son genre à Paris : un casque d'inspiration Renaissance qui, si on le fait pivoter à 90 degrés, se transforme en visage ▸**24**. Cette curiosité est visible sur le porche donnant vers le bois, côté cour.

1 avenue de Paris, 94300 Vincennes

26

25

27

Portraits cachés

Une tradition lancée au Moyen Âge veut qu'une des statues ornant un monument emprunte les traits de l'architecte l'ayant conçu ou restauré. On retrouve ainsi le portrait de Viollet-le-Duc en plusieurs endroits de Notre-Dame et celui de Charles Garnier à l'Opéra. L'usage, particulièrement vivace au XIXe siècle, s'essouffla au seuil du XXe sans disparaître pour autant. Ainsi le maître verrier François Décorchemont s'est-il représenté au milieu de son œuvre, sur les vitraux de l'église Sainte-Odile, exécutés dans les années 1930. L'homme aux lunettes ▶**27** en bas de la verrière centrale, c'est lui. Paramètre d'importance : Odile est la sainte patronne de l'Alsace mais aussi des malvoyants. Plus récemment, en 2006, l'architecte Édouard François ▶**28** a renoué avec la tradition en incrustant son effigie sur la façade de son spectaculaire immeuble « moulé-troué ».

28

2 avenue Stéphane-Mallarmé, 17e • Angle des rues Vernet et Quentin-Bauchart, 8^{e}

Voir aussi l'église Saint-Bernard-de-La-Chapelle, p. 141.

29

Caricature haut perchée

Au-dessus de l'entrée du passage du Caire, un profil caricatural doté d'un nez énorme ▶**29** se détache sur la corniche. C'est le portrait d'Henri Marcellin Auguste Bougenier (1799-1866), artiste peintre dont l'appendice nasal était si phénoménal qu'il fut maintes fois brocardé par ses confrères. Victor Hugo en fit mention dans *Les Misérables* et il n'est pas interdit de penser qu'Edmond Rostand s'en inspira pour donner naissance à Cyrano, en 1897.

Place du Caire, 2^{e}

MUSÉES & CABINETS DE CURIOSITÉS

Pas de grands prix de Rome accrochés aux cimaises mais des objets à l'étrangeté fascinante, auréolés de mystère ou déclencheurs de frissons. Aux productions humaines s'ajoutent des bizarreries issues des règnes minéral, végétal ou animal.

Musée d'Ennery

Imaginez un cabinet de curiosités réparti dans cinq vastes salles où l'étrange et le bizarre règnent en maîtres. Figurez-vous une armada de minuscules personnages fabuleux ou divins figés dans le jade, le cristal de roche, la pierre de lard ou le céladon. Cette collection de «monstres» ▶**1** était celle de Clémence d'Ennery, grande bourgeoise fascinée par le fantastique et l'esthétique des bibelots japonais. Dans le dernier tiers du XIXe siècle, elle amassa sans compter les statuettes curieuses, de forme humaine ou animale, venant de Chine ou du Japon. Son mari fit construire un hôtel particulier sur mesure pour abriter ses trésors. Difficile d'imaginer comment le couple d'Ennery vivait au milieu des vitrines, d'autant plus que monsieur semblait s'en désintéresser totalement. Clémence cultivait sa passion en amatrice éclairée, dressant des inventaires où l'humour le disputait à l'affectif: «Chichi [alias chien de Fau] bleu et blanc, cadeau de maman» ou «Achat d'un crapaud qui ressemble à Madame X lorsqu'elle est en colère». Des éléments de décor japonisants récupérés après les expositions universelles de 1868 et1878 servent d'écrins à ce bestiaire fantastique. Clémence fit don à l'État de son hôtel et de ses collections. Ce fonds, un temps décrié pour son étrangeté, fut par la suite unanimement reconnu en raison de son intérêt ethnographique. Il illustre en effet les légendes et traditions populaires de la Chine mandchoue et du Japon de l'époque d'Edo.

1

59 avenue Foch, 16^{e}

© S. AGEORGES 2

Musée François-Tillequin – collections de matière médicale

Au sein de la faculté de pharmacie de l'université Paris-Descartes, une salle cathédrale abrite une collection de plus de 25000 drogues – c'est-à-dire de substances naturelles (d'origine végétale ou animale) séchées et destinées à la préparation de médicaments ▸**2**. Les vitrines mettent en scène les plantes à l'état naturel (cosses, baies, feuilles, racines) puis conditionnées (en poudre, jus, baume...), accompagnées d'ustensiles divers. Certains de ces échantillons, conservés dans des fioles ou des bocaux, ont été rassemblées au XVIIIe siècle; aux collections des maîtres apothicaires du siècle des Lumières s'ajoutent les butins rapportés par les explorateurs du XIXe siècle, des lots en provenance d'expéditions scientifiques coloniales et des spécimens exhibés lors des expositions universelles de Paris, Bruxelles, Amsterdam et Marseille, de 1867 à 1931. La collection ne cesse aujourd'hui encore de s'enrichir et sert de référence aux chercheurs. Au centre trône un meuble pagode, héritage de l'Exposition de 1889, abritant divers poisons: le curare y est conditionné en tubes, en pots ou en calebasses, prêt à enduire les flèches d'une sarbacane qui ne demande qu'à reprendre du service.

4 avenue de l'Observatoire, 6e. Ouvert lors des Journées européennes du Patrimoine.

Musée de la Contrefaçon

Le marché du vrai-faux représente 5 à 9 pour cent du commerce mondial. Pour contrer ce fléau, les industriels groupés sous l'égide de l'association Unifab (Union des fabricants) ont fondé ce musée ▸**3** qui aborde la contrefaçon de manière didactique. Les objets sont exposés côte à côte: le factice et l'authentique. Tous les secteurs sont concernés: luxe, sportswear, électroménager, mais aussi, plus inquiétant, l'alimentation, les médicaments, les jouets et les pièces détachées automobiles. Typo, design, forme d'emballage, tout est fait pour susciter la confusion. La Vache Qui Rit, par exemple, parfois rebaptisée « Vache Kiki », a inspiré des imitateurs polonais, égyptiens ou saoudiens (champions du genre). Il est aisé de reconnaître le bon grain de l'ivraie quand les deux sont accolés (l'un est toujours plus grossier) mais sera-t-on aussi perspicace en situation d'achat, quand la comparaison est impossible? Mise en abyme amusante: l'hôtel de la Faisanderie abritant le musée est lui-même l'exacte copie d'un hôtel particulier du XVIIIe siècle qui se trouvait dans le Marais, aujourd'hui disparu.

16 rue de la Faisanderie, 16[e]

© DR

© WIKIMEDIA COMMONS

Musée des Vampires et Monstres de l'Imaginaire

Jacques Sirgent est vampirologue. Il n'aime pas les vampires mais les histoires de vampires et les moyens de se défendre contre eux. Ni sataniste ni gothique, il affiche une érudition rare sur son sujet de prédilection devenu une passion. À tel point qu'il a lâché son poste d'enseignant en anglais pour monter chez lui un micro-musée ▸**4**. La panoplie du parfait petit exorciste est au complet: crucifix, gousses d'ail, fiole d'eau bénite, livre de prières de 1757... Que font là ces petits animaux en plastique, figurines de ferme Playmobil? Ce sont autant de réceptacles potentiels au corps du diable. Tous sauf deux, cherchez lesquels... Au sous-sol se trouve la reconstitution du caveau de la comtesse Bathory – la Blood Countess, aristocrate hongroise de la Renaissance, deuxième principale source d'inspiration de Bram Stoker, l'auteur de *Dracula*.

Au cours de la visite, Jacques conte les légendes associées au Prince des Ténèbres, mythe né au XIe siècle, à la suite des grandes épidémies de peste, quand les gens étaient trop vite enterrés. Il revient sans langue de bois sur le rôle de l'Église dans le massacre des sorcières et le commerce du sang au Moyen Âge: les riches achetaient alors le sang de jeunes filles pauvres pour se fortifier. Devant un miroir gothique, il explique pourquoi les vampires n'ont pas de reflet (en raison de la théorie du double) et il n'est pas rare qu'un visiteur, en confiance, lui confie une expérience étrange vécue, entre deux gorgées d'un kir rouge sang.

14 rue Jules-David, 93260 Les Lilas

Musée de la Psychiatrie et des Neurosciences

Ce musée confidentiel ▸**5**, logé dans les combles d'un pavillon de l'hôpital Sainte-Anne, en retrace l'histoire de 1867 à nos jours à travers une étonnante collection de documents, d'objets et d'appareils se rapportant à la psychiatrie, la psychopathologie, la psychotechnique, la neurologie, la neurochirurgie, l'anesthésie... Tout ce qui concerne, en somme, les maladies du cerveau. On y voit ainsi un ensemble de chaînes et de poignets de contention encore en usage en 1943, des boîtes de Largactil (neuroleptique expérimenté ici en 1952), les premiers appareils d'électrochocs... L'anatomopathologie (étude des tissus endommagés) est évoquée par le biais d'un trépan électrique à débrayage automatique et des lames de microtome (appareil à débiter le cerveau en tranches). La salle psychotechnique rassemble divers instruments utilisés dans les labos de psychologie pour mesurer les aptitudes (faculté d'attention, de coordination ou de précision). Des années 1920 à 1940, la RATP envoyait ici ses employés pour tester leur temps de réaction, leur habileté gestuelle, leur rapidité d'exécution ou leur capacité d'adaptation à de nouvelles tâches. Les méthodes de sélection professionnelle employées de nos jours en sont directement inspirées.

1 rue Cabanis, 14e. Visite sur rendez-vous.

Voir aussi le musée de l'École vétérinaire, p.72 et la zoothèque souterraine du Muséum, p.71.

5

6 © MNHN

Cabinet Bonnier de La Mosson

Pour détailler une corne de licorne, un orgue de mer, un mille-pattes géant ou une mandragore séchée, poussez la porte de la médiathèque du Muséum d'histoire naturelle. C'est là qu'est conservée, à l'abri d'un corps de boiseries de style Louis XV, une partie de ce qui fut l'un des plus riches et des plus baroques cabinets de curiosités du XVIIIe siècle. Joseph Bonnier de La Mosson, collectionneur et amateur d'art, s'appuya en effet sur sa fortune pour glaner autour du monde des objets rares et insolites. Il créa cinq cabinets (histoire naturelle, mécanique, physique, chimie et pharmacie) dont la renommée attira tous les savants de France et d'Europe. Le collectionneur mourut toutefois ruiné en 1744. Ses cabinets, vendus pour éponger ses dettes, s'évaporèrent dans la nature à l'exception de celui « des insectes et autres animaux desséchés des plus remarquables » ▶**6**, acquis par Buffon pour le Cabinet du roi. Les objets n'étant pas accompagnés de cartels, partez à la recherche de la brochure cotée 069.95 BON, rangée dans la partie « muséum » (à droite du cabinet), qui détaille les pièces exposées dans le français fleuri du siècle des Lumières.

38 rue Geoffroy-Saint-Hilaire, 5[e]

Cabinet du docteur Dorr

Méfiez-vous des collectionneurs, surtout s'ils sont par ailleurs dentistes et passionnés d'histoire naturelle. Ils risquent de vous tenir en haleine avec des histoires de cimetières d'éléphants édentés ou d'oiseaux de paradis apodes. Philippe Dorr aurait dû être explorateur si un accident de skateboard (et les dents cassées qui vont avec) n'avait favorisé une autre vocation. Devenu chirurgien-dentiste, il a fait du naturalisme sa danseuse.

7

Un bridge posé équivaut pour lui à un coquillage ou à un livre précieux. Sa collection ▶7 est conservée dans la cave de son cabinet, dévolue aux radios. Les patients qui viennent soumettre leurs molaires aux rayons X côtoient ainsi un crâne de girafe ou de babiroussa (mammifère le plus rare au monde). L'intérêt réside moins dans les objets eux-mêmes que dans la narration de leur épopée. Le lieu, enfin, est chargé d'histoire; il abritait au XVIIIe siècle Les Colonnes d'Hercule, librairie ésotérique de l'éditeur naturaliste Mariette, lui-même propriétaire d'un cabinet de curiosités.

67 rue Saint-Jacques, 5^e^
Visite lors des Journées européennes du Patrimoine et de la fête de la Science

Musée de la Préfecture de police

Les gardiens de la paix n'ont pas chômé au cours des cinq derniers siècles ! ▶8 Des procès-verbaux en témoignent, leurs tracas n'étaient

8

guère éloignés de ceux des policiers actuels : embouteillages de fiacres, embarras de la circulation et troubles de l'ordre public. Plus de 2 000 documents retracent l'histoire de France, dans l'ordre chronologique. Complots et scandales se lisent sur les registres délavés, tandis qu'un autre registre indique que Sade et Cagliostro furent voisins de cellule à la Bastille, en 1785. Un couperet de guillotine côtoie une reproduction de la machine infernale de Fieschi. Vidocq, déserteur multirécidiviste, forçat évadé devenu chef de la Sûreté à la tête d'une brigade de repentis, puis détective privé au XIXe siècle, n'est pas oublié. On voit aussi encore le registre de morgue de 1855 où est consigné le nom de Gérard de Nerval (trouvé pendu près du Châtelet) et le livre taché du sang de Paul Doumer (assassiné en 1932). Puis vient la trousse de Bertillon, père de l'anthropométrie, et ses tableaux de traits morphologiques, incroyablement détaillés. Parmi des reliques de voyous : une mèche de Bonnot et des bagues à tête de mort portées par les Apaches de Paname. Sans oublier des armes de crime insolites : sabre japonais, marteau de cordonnier, os de mouton et même un rouleau à pâtisserie ! Brrr !

4 rue de la Montagne-Sainte-Geneviève (2e étage), 5^e^
prefecturedepolice.interieur.gouv.fr

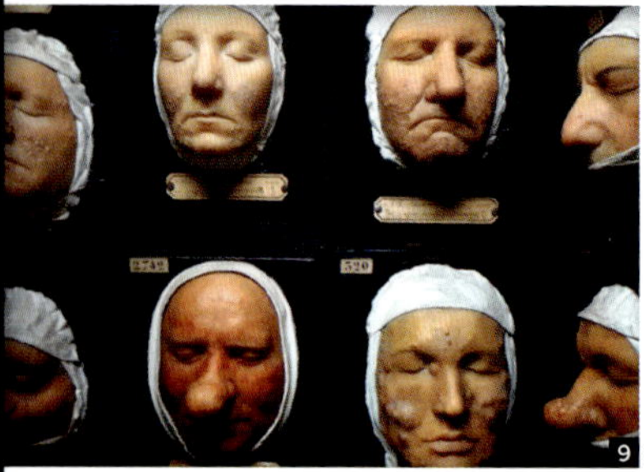

9 DR

Musée des Moulages dermatologiques

Attention : la visite de ce musée ▸**9** rassemblant près de 5 000 moulages en cire d'affections cutanées peut s'avérer psychologiquement éprouvante. On est évidemment prié d'adopter un regard respectueux envers ces malades ont accepté de témoigner pour la science car, en plus de leur maladie, ils ont dû endurer l'opération de moulage. Une grande salle aveugle ceinturée d'une mezzanine abrite des vitrines exposant, sur fond noir, membres, têtes et bustes affligés de naevus, gale, dermites, squames, eczéma, verrues, zona, mycosis, ganglions, pustules... Jamais de corps entiers, seulement des « extraits » d'une vérité criante. Si un autre visiteur rôde dans la salle, il y a de fortes chances qu'il soit dermatologue, illustrateur médical ou apprenti maquilleur...

Hôpital Saint-Louis. 1 avenue Claude-Vellefaux, 10e. Ouvert sur rendez-vous

Librairie Alain Brieux

Le lieu relève plus du cabinet de curiosités que de la librairie ▸**10**. Parmi les ouvrages de médecine d'époques et de provenances diverses figurent des objets de collection scientifiques et médicaux. De vieilles mallettes de médecins, des instruments chirurgicaux en étain, en ivoire, en os ou en cuivre, des modèles anatomiques en cire, des coffrets de pharmaciens, des cerveaux démontables, des écorchés... Y mettre un pied, c'est remonter le temps et risquer de ne plus voir passer les heures.

48 rue Jacob, 6e

10

© LIBRAIRIE ALAIN BRIEUX

11

Edemonium

Cette échoppe ▶**11** s'apparentant à l'antre d'une sorcière est un graal pour les gothiques, métaleux et autres férus de déco ésotérique. Ilsy trouvent de quoi personnaliser « chaleureusement » leur intérieur, du sol au plafond. Ce lustre Étoile du chaos ne demande qu'à être adopté, de même que cette poupée zombie, ce crâne presse-papiers ou cette chimère sous globe. Crânes et squelettes sont en vedette, détournés en bijoux, accessoires et objets d'art. Pour un instant détente dans votre spa, n'oubliez pas la fiole de bain moussant étrange, l'horloge gaélique à remonter le temps, le chandelier et le calice à remplir d'une mixture couleur rubis.

11 rue du Plâtre, 4e

Epiphania

Victoria Colotte, artiste plasticienne, et son compagnon Arthur Fouillet, peintre portraitiste oculaire, ont ouvert sur l'île Saint-Louis un cabinet de curiosités ▶**12** peuplé d'objets ludiques, insolites ou ésotériques débusqués au gré de leurs voyages et rencontres. Victoria anime régulièrement des ateliers de tarot et invite des magiciens qui livrent leurs tours de magie époustouflants.

5 rue des Deux-Ponts, 4e

12

1

STRUCTURES, ARCHITECTURES & PERSPECTIVES

Ces façades, constructions, perspectives et alignements prennent le contre-pied de la normalité et pimentent le paysage urbain de leurs fantasques anicroches.

Voiture amphibie

En amont du pont de la Concorde flotte la péniche *Saint-Paul*, propriété de l'architecte naval et océanographe Jacques Rougerie. Toute péniche est tenue d'avoir une annexe, c'est-à-dire un canot que l'on peut aisément mettre à l'eau. Au lieu d'acheter une barque lambda, M. Rougerie a préféré adopter une Amphicar ▸**1**, voiture équipée de flotteurs et d'hélices. « Sa silhouette rappelle tout à la fois la Floride et les belles décapotables qui paradaient à Saint-Tropez dans les années 1960, symbole d'insouciance, de joie de vivre d'une époque. Je m'en suis servi pendant des années, naviguant sur la Seine, la Marne et sur des lacs. J'ai même fait le tour du Mont-Saint-Michel avec. Je l'utilisais aussi pour aller acheter mon pain du côté du Pont-Neuf. Après plusieurs faits de vandalisme sur le quai où elle stationnait, je

1

me suis résolu à la remiser sur le pont arrière, d'où elle n'a plus bougé depuis dix ans. Il faudrait changer les joints, après les avoir fait venir des États-Unis. Un jour, c'est sûr, je la remettrai à l'eau. »

Pont de la Concorde, 8e

2

Péniche en ciment armé

Pendant la Première Guerre mondiale, des chalands furent construits dans l'urgence pour acheminer à Paris le charbon livré par les Américains à Rouen. Les coques furent réalisées en ciment armé, un matériau alors novateur, plus rapide à mettre en œuvre que l'acier riveté. Conçus pour naviguer en convoi, ces bateaux n'avaient pas de moteur. Une grande roue disposée à l'arrière permettait de manœuvrer le gouvernail. Trop lourds, ils furent mis au rencart après la guerre. L'une de ces péniches ▶**2** fut acquise en 1929 par l'Armée du Salut, grâce aux deniers de la princesse de Polignac, pour y loger des sans-abri. On la baptisa «Louise-Catherine» et l'on confia à Le Corbusier le soin de l'aménager. La série de petites fenêtres carrées est représentative de son style, comme les fins poteaux structurant à l'intérieur les deux dortoirs. L'architecte expérimenta ici un certain nombre de théories qu'il déclina par la suite. Quand l'«asile flottant» ferma ses portes en 1994 en raison de supposées fissures dans la coque, il fut racheté par un industriel du béton qui le sauva de la casse. Classé Monument historique en 2008, il est au cœur d'un projet de restauration ambitieux sous le signe de l'art contemporain, diligenté par l'association Louise-Catherine.

Port d'Austerlitz, 13e

Local d'appel d'égoutier

Glissez un œil dans le trou de la (fausse) plaque d'égout qui se trouve non loin de l'arrêt de bus «Pont-Neuf – Quai du Louvre», près du débouché de l'escalier conduisant au quai bas. Vous distinguerez une pièce principale carrelée de blanc ▶**3**. Il s'agit d'un ancien «local d'appel» d'égoutier destiné à abriter les techniciens chargés de contrôler les déversements d'eaux usées dans le fleuve. Plusieurs locaux de ce type, d'une surface invariable de 80 mètres carrés, équipés d'une douche, d'une kitchenette et d'une fenêtre ouvrant sur le fleuve, ourlaient les berges. Beaucoup ont été murés après avoir été désaffectés puis squattés. Celui-ci possède encore sa cheminée qui s'exhibe sur le quai ainsi qu'une vanne accessible depuis la fenêtre du logement.

Quai du Louvre, 1er

3

Conflit en filigrane

Les trous laissés par les éclats de balles ou d'obus sur les façades de certains bâtiments ne sont pas les seuls stigmates des guerres. Il y en a d'autres, plus indirects mais non moins significatifs, tels ces immeubles aux strates disparates.

4

À peine leur socle fut-il élevé que la mobilisation générale de 1914 survint, stoppant net les travaux. Les chantiers, protégés par des palissades et des auvents de zinc, firent le dos rond en attendant la fin du conflit. Une fois les hommes revenus du front, les chantiers redémarrèrent avec, souvent, un nouvel entrepreneur, un nouvel architecte ou de nouvelles conditions économiques. La construction de l'immeuble de la rue Chernoviz ▶**4**, par exemple, amorcée en 1910, fut interrompue en 1914 au niveau du deuxième étage. Son ornementation devait initialement être calquée sur celle de son voisin (numéro 4),

5

6

avec consoles, bossages et corniches moulurées. L'architecte Émile Valette se chargea en 1924 de poser un toit et des fenêtres sur cette ébauche d'immeuble, sans ajouter les fioritures prévues. Puis, en 1960, une surélévation en béton armé vint se poser, en totale rupture de style, sur le soubassement d'origine. La construction de l'immeuble à l'angle de l'avenue René-Coty et de la rue des Artistes ▸**5**, elle aussi interrompue en 1914, fut achevée en 1920, à l'économie: moindre gabarit, façade enduite, toit de tuiles mécaniques. Idem pour l'immeuble de la place Constantin-Pecqueur ▸**6**, dont le permis de construire fut déposé en 1911. Jusqu'au troisième étage, tout va bien: sculptures ornementales, balcon d'angle doté d'une belle ferronnerie... Une impression d'inachevé règne au-delà: une sobre balustrade en bois habille le balcon d'angle du quatrième étage tandis que la corniche attend toujours qu'un sculpteur achève de mettre en relief l'esquisse de chimères.

2 rue Chernoviz, 16e • 42-44 avenue René-Coty, 14e • 8 place Constantin-Pecqueur, 18e

Fantôme cherche pied-à-terre

Les interventions haussmanniennes ont accouché de quelques couacs urbanistiques, matérialisés par des immeubles à tranche fine ou à pignon aigu, aussi aiguisés qu'une lame de rasoir. Leur silhouette laisse perplexe: que contiennent leurs flancs? Une table, un lit posé en biais? Qui habite là? Des ectoplasmes, comme le suggérait Roger Caillois en 1977 dans son *Petit guide du 15e arrondissement à l'usage des fantômes*. L'écrivain sociologue avait en effet remarqué que cet arrondissement collectionnait les maisons biseautées qui, dans une certaine perspective, paraissent sans épaisseur, comme si elles tenaient debout toutes seules. C'est le cas du 1 rue du Laos (quand on se poste devant le 2 de cette même rue) ▸**7**, du 91 avenue Émile-Zola (vu du 56 rue de Lourmel)

7

8

▶**8** ou encore de l'immeuble de la rue Auguste-Dorchain (vu du 55 rue de la Croix-Nivert) ▶**9**. Sur le biseau de ce dernier se détache verticalement l'inscription « Bains-douches » en lettres capitales aussi larges que l'éperon. La rive droite possède aussi de beaux spécimens, comme la pointe Trigano ▶**10**. Cet immeuble étroit à la proue du Sentier intriguait déjà en 1900 Eugène Atget qui l'emprisonna dans sa chambre noire. Il abrite un appartement sur six niveaux, avec cuisine en sous-sol, salon au rez-de-chaussée, une chambre par étage (trois) et une salle de bains sous combles. Cardiaques et arthritiques s'abstenir. Quelques dizaines de mètres plus loin se dresse un autre immeuble du même acabit. Non moins spectaculaires sont l'immeuble du passage des Récollets et celui de la rue Francœur ▶**11** dont l'arrière semble s'être évaporé.

1 rue du Laos, 15e • 91 avenue Émile-Zola, 15e • Rue Auguste-Dorchain, 15e • Angle des rues de Cléry et de Beauregard, 2e • Angle de la rue Beauregard et du boulevard de Bonne-Nouvelle, 2e • 8 passage des Récollets, 10e • Angle des rues des Saules et Francœur, 18e

Adresses pour lilliputiens

Les personnes de très petite taille trouveront un logis sur mesure rue du Château-d'Eau ▶**12**, dans une minuscule maison mesurant à peine 1,10 mètre de large sur 5 de haut. Si leurs moyens le leur permettent, elles préféreront l'immeuble du quai Voltaire ▶**13** dont l'étroite façade du XVIIe siècle domine la Seine. Ces mêmes

9

10

11

personnes iront faire ressemeler leurs souliers dans l'échoppe on ne peut plus étriquée de M. Vincent, le cordonnier officiant rue Duphot, dans un atelier de 4 mètres carrés ▸**14**. Le pied léger, elles se faufileront à la queue leu leu dans la sente des Merisiers, large de 87 centimètres ▸**15**. Elles franchiront d'un saut de puce la rue des Degrés ▸**16**, intégralement constituée d'un escalier de 14 marches qui lui a donné son nom et porte sa longueur à 5,75 mètres. Nos lilliputiens prendront un malin plaisir à se mesurer à l'aune de porte du restaurant japonais Shu ▸**17**, d'un gabarit pygméen, et à celle de l'avenue Rapp ▸**18** que les châssis généreux doivent franchir en crabe. Enfin, s'ils souhaitent se recueillir en toute intimité, ils choisiront la minuscule chapelle de l'hôpital Cochin ▸**19**, où l'on ne peut prier à plus de 12.

39 rue du Château-d'Eau, 10e • 13 quai Voltaire, 7e • 12 rue Duphot, 1er • Sente des Merisiers, 12e • Rue des Degrés, 2e • 8 rue Suger, 6e • 33 avenue Rapp, 7e • 27 rue du Faubourg-Saint-Jacques, 14e

Fontaines Wallace dissidentes

La couleur vert sombre des fontaines Wallace, offertes à la Ville de Paris par le britannique Richard Wallace, fut imposée par Napoléon III, soucieux d'harmonier ces nouvelles fontaines avec la végétation des squares qui alors se multipliaient. Depuis 2011, un vent de transgression souffle sur le 13e arrondissement ▸**20**. À l'initiative de la mairie, certaines Wallace s'affichent en rouge (avenue d'Ivry), en jaune (esplanade Pierre-Vidal-Naquet), en rose (rue Jean-Anouilh) et en bleu (place Pierre-Riboulet). Un spécimen gris métallisé s'est par ailleurs ancré le long du boulevard périphérique (154 avenue Paul-Vaillant-Couturier). Elle faisait figure d'enseigne pour le CRECEP (Centre de recherche et de contrôle des eaux de Paris) et bizarrement, n'a jamais délivré la moindre goutte.

13e arrondissement

Pierres balconnières

L'impasse de Nevers, à peine plus grande qu'une place de parking, ne possède pas moins de trois points d'intérêt. Le mur clôturant la voie prend appui sur les restes de l'enceinte de Philippe Auguste dont on voit plusieurs rangs de pierre. Sur la façade de gauche subsiste, au deuxième étage, une fenêtre à croisillons dont un des carreaux est mobile, c'est-à-dire qu'il s'ouvre indépendamment des autres. Il s'agit de l'un des derniers spécimens de ce type. Il jouxte une autre rareté: une pierre évidée ▸**21**, maintenue au-dessus du vide par des barres de fer, également présente devant une fenêtre du premier étage. Ce sont des pierres évier, taillées dans un seul bloc.

21

Détournées en balconnières, elles accueillent ponctuellement des nichées de tourterelles.

Impasse de Nevers, 6e

22

Immeuble fantôme

Rue La Fayette, un banal immeuble haussmannien en pierre de taille ▸**22** présente cinq étages avec balcon, corniches et moulures... mais la porte ne possède ni poignée, ni digicode et certaines fenêtres sont ouvertes en permanence. Au-delà des vitres, noires de crasse, se dresse un mur tout aussi sombre. On peut par ailleurs stationner devant le porche sans risque d'amende. Cette inquiétante façade qu'Umberto Eco compara à « la gueule des Enfers » (*Le Pendule de Foucault*, 1988) masque un puits de ventilation du RER B.

145, rue La Fayette, 10e

Pied-de-nez impérial

Paul Morand, enfant, s'amusait en contournant la place de l'Étoile d'une facétie sur l'Arc de triomphe: «On peut voir, écrit-il, une main de pierre se détacher du

23

bas-relief monumental et venir placer un pied-de-nez juste au bout du nez de l'empereur Napoléon ▸**23**. » Pour l'observer, il faut se placer en un point très précis, au centimètre près, que nous vous laissons le plaisir de trouver.

Angle de l'avenue Kléber et de la place Charles-de-Gaulle-Étoile, 16e

Empilement cocasse

La bizarrerie saute aux yeux quand on s'engage dans le passage des Récollets en venant de la rue du Faubourg-Saint-Martin ▸**24**. Quelques maisonnettes au toit de zinc semblent avoir germé à la va-comme-je-te-pousse sur une bâtisse de brique, telles des herbes folles entre deux pavés. Un décor sur mesure pour une BD de Tardi ou un film de Sylvain Chomet. L'immeuble a été conçu par l'architecte Louis Bonnier (1856-1946), le même qui dessina la piscine de la Butte-aux-Cailles.

18 passage des Récollets, 10e

24

25

Télescopage visuel

Nicolas d'Estienne d'Orves, chroniqueur d'atmosphères parisiennes, chérit une autre perspective, celle de la rue Laffitte, depuis le boulevard Haussmann ▶**25**: «Placez-vous dans l'axe et fermez un œil pour tout contempler à plat. Le Sacré-Cœur semble posé sur Notre-Dame-de-Lorette comme un chapeau de plâtre sur un temple antique.»

Angle de la rue Laffitte et du boulevard Haussmann, 9e

27

Plongée vers le vide

Les pentes de Ménilmontant comme celles de Montmartre ont produit de saisissantes perspectives ouvrant sur... le vide. C'est le cas de la rue Berthe qui, vue depuis la place Émile-Goudeau, se perd sans qu'on en voie la fin ▶**26**. Même impression avec les rues Robineau ou Gasnier-Guy, depuis la place Martin-Nadaud.

Place Émile-Goudeau, 18e • Place Martin-Nadaud, 20e

26

Axe solaire

Deux fois par an, aux alentours du 10 mai et du 2 août, vers 21h20, le soleil se couche exactement sous l'Arc de triomphe, dans l'axe des Champs-Élysées ▶**27**. Pour un lever de soleil bien centré, prendre position au petit matin sur l'avenue de la Grande-Armée, aux alentours du 7 février et du 4 novembre.

C'EST ÉCRIT

Injonctions & avertissements

Gravées dans le marbre, la pierre ou le bois, des injonctions interpellent le passant, le projetant dans une époque aux usages et aux mœurs différents des nôtres.

1

Défense de battre ses tapis sous le pont

Le panneau présent sous le pont Alexandre-III ▸**1** fait écho à un arrêté ministériel de 1941 interdisant « de battre ou de secouer des tapis, paillassons, étoffes quelconques et balais mais aussi de carder des matelas et de trier des chiffons sur les cours et les voies de circulation, y compris les ports et les berges en dehors des points et des heures assignés ». La loi, encore en vigueur, n'autorise le secouage des chiffons d'essuyage ménager qu'entre 7 et 8 heures.

Port des Champs-Élysées, 8e

Défense de bâtir au-delà des limites

Dès le XVIe siècle et à maintes reprises, les souverains défendirent à leurs sujets de construire hors de l'enceinte de la capitale, pour des raisons administratives et de sécurité publique. Difficile en effet d'administrer une ville croissant et débordant sans cesse de ses frontières. Louis XV fit sceller 294 plaques ▸**2** disant : « 1726. Bornes de limites. Du règne de Louis XV. De par le Roy. Défenses expresses sont faites de bâtir depuis les présentes bornes et limites jusqu'au plus prochain village aux peines portées par les déclarations de Sa Majesté des années 1724 et 1726. » Jamais la loi ne fut respectée, toujours les faubourgs s'étiraient, obligeant à déplacer plus loin les bornes.

Cour du 4 rue de Laborde, 8e • 306-308 rue de Charenton, 12e

2

Interdiction de sonner les cloches

À l'attention des visiteurs de Notre-Dame : « Il est défendu très expressément d'écrire sur les plombs, sur les murs, de sonner les cloches, de jetter quelque chose de

3

dessus les tours et de faire aucunes ordures. Sous peine d'amende.» L'orthographe est reproduite scrupuleusement. L'avis ▶**3**, présent en deux endroits sur la tour sud, date de la restauration de l'édifice par Viollet-le-Duc au XIXe siècle.

Cathédrale Notre-Dame de Paris, place Jean-Paul-II, 4^e^

Prière de ne pas cracher

Surprenante injonction que celle figurant à l'entrée de l'église de la Madeleine ▶**4**, qui prie le «public» (et non les fidèles) de «ne pas cracher sur les dalles de marbre et les paillassons». Faut-il

4

comprendre que la pratique est autorisée sur le sol partout ailleurs?

Église de la Madeleine, place de la Madeleine, 8^e^

Une visite qui rapporte

Pour blanchir sa conscience et purifier son âme, un détour par l'église Saint-Germain-de-Charonne s'impose. Sur un pilier proche du chœur, une inscription ▶**5** en caractères gothiques, gravée en 1460 lors de la dédicace de l'église, informe qu'une visite vaut «quarante jours

5

de vrai pardon». Cette indulgence est toujours bonne à prendre et ce, tout au long de l'année. Saint-Germain-de-Charonne se montre particulièrement généreuse en la matière. À titre de comparaison, d'autres églises (au Mesnil-le-Roi et à La Courneuve) promettent également «quarante jours de vrai pardon à quiconque visiterait l'église» mais seulement le jour anniversaire de leur consécration.

4 rue Saint-Blaise, 20^e^

Des enseignes qui interpellent

Une marque, un slogan, une promesse… Pour attirer le client, rien ne vaut une formule choc donnant foi en l'avenir. Si l'on y ajoute de solides références, fortune est faite.

6

Consigne aux locataires

Impossible pour les habitants d'un immeuble de la rue René-Boulanger ▶**6** de se faire livrer une pizza en soirée sans donner un coup de canif au règlement de copropriété: les fournisseurs ne sont plus acceptés après 11 heures du matin en hiver et 10 heures en été.

Cour du 3 rue René-Boulanger, 10e

Un Pater et un Ave en guise de loyer

La maison du Grand Pignon, plus ancienne bâtisse (connue) de Paris, fut construite en 1407 par l'écrivain juré Nicolas Flamel pour héberger des ouvriers agricoles. Ceux-ci pouvaient y résider à peu de frais, moyennant une curieuse contrepartie: la récitation quotidienne de deux prières (un Pater et un Ave) pour les trépassés. Une inscription ▶**7** en bandeau sur la façade, rédigée en vieux françois, en fait foi.

51 rue de Montmorency, 3e

7

8

Enseigne-rébus

Au Cygne de la Croix fut un nom amplement répandu, utilisé par un commerce disparu du côté de Saint-Lazare et un cabaret de la rue Saint-Séverin (1687). Dans la même rue, un médaillon gravé d'un Y est plaqué sur la façade ▸**8**. L'Y pour « liegrègues », désignant des lacets de fixation entre culottes et hauts de chausse. On retrouve cette lettre sur les ferronneries des balcons.

13, rue Saint-Séverin, 5e

9

Dépoussiérage par le vide

La Générale, maison Castrique, installée au milieu du XIXe siècle dans le quartier de Bonne-Nouvelle, s'adonnait au nettoyage des vitres, à l'encaustiquage de parquets, à la mise en état et à l'entretien de bureaux, magasins et appartements. Elle pratiquait le dépoussiérage par le vide, une technique de nettoyage novatrice mobilisant un moteur, que l'on peut qualifier d'ancêtre de l'aspirateur. L'enseigne en mosaïque de la société ▸**9**, encore présente dans la rue, mentionne ce dispositif. La formule a alimenté nombre de quolibets en 2013 quand l'adresse fut choisie comme QG de campagne par la candidate aux élections municipales Nathalie Kosciusko-Morizet.

18 rue Notre-Dame-de-Recouvrance, 2e

Fabrique d'extraits évaporés dans la vapeur et dans le vide

Sous l'Ancien Régime, la pharmacie du Mont-Blanc commercialisait, entre autres choses, du cacodylate (remède antiasthénique), de la tisane de longue vie et de l'encre sympathique (que le comte de Fersen utilisa pour correspondre avec Marie-Antoinette incarcérée à la prison du Temple). L'inscription sibylline gravée sur le mur ▸**10** fait référence à un appareil, inventé ici en 1803, qui permettait d'isoler deux substances : la narcotine (premier alcaloïde de l'opium) puis la morphine.

115 rue Saint-Honoré, 1er

10

11

À la Renommée des Herbes Cuites

En 1820, un traiteur épicier de la rue Saint-Honoré baptisa ainsi son commerce. L'enseigne ▶**11** s'affiche en lettres dorées dans un bandeau, au premier étage de l'immeuble, à une hauteur inhabituelle. La boutique initialement appelée « À la Renommée des Épinards » a changé de nom, laissant supposer que les épinards n'étaient guère vendeurs.

95 rue Saint-Honoré, 1er

Société des cendres

Ces trois mots ▶**12** rappellent la présence en ces lieux, entre 1800 et 2002, d'une fonderie d'or et d'argent. Les bijoutiers, joailliers et prothésistes dentaires y envoyaient les menues poussières et résidus collectés sur leurs établis de manière à récupérer les particules d'or, d'argent et de platine qui y étaient enfouies. Les limailles étaient fondues, leurs cendres broyées, tamisées, lavées et traitées au mercure. Les matières précieuses extraites étaient alors

12

séparées puis rassemblées en lingots, tout cela sous l'œil du client. La Société des cendres a déménagé en 2002 et a laissé place à une marque japonnaise de vêtements qui a préservé les lieux, mettant en valeur ses anciennes machines (au sous-sol) et sa cheminée en brique.
39 rue des Francs-Bourgeois, 4e

13

Roi des Français

Qu'il est discret, ce médaillon ▶**13** affichant le profil de Louis-Philippe ! Il s'accompagne de la mention « Roi des Français » – unique à Paris, semble-t-il. Le souverain contemple d'un air impassible une enseigne gravée dans la pierre : « Maison Dorléans-Strebet ». Cette maison d'Orléans n'a aucun rapport avec la lignée à laquelle appartenait Louis-Philippe Ier, duc d'Orléans. Dorléans-Strebet était le nom d'un horloger et mécanicien, en activité entre 1839 et 1870. Artisan hors pair, il fut maintes fois cité et récompensé lors d'expositions universelles (en 1839, 1844, 1849 et 1855), pour son travail et pour l'invention d'une machine à piquer, servant à réaliser des dessins sur les cadrans. Pour signaler à la clientèle les distinctions reçues aux expositions, il était d'usage d'apposer sur la façade de son commerce une réplique agrandie de la médaille dont on avait été honoré, médaille à l'effigie du souverain du moment. En l'occurrence, il s'agissait de Louis-Philippe, roi des Français de 1830 à 1848. Un autre exemple de cet usage est visible rue de Cléry, où des médaillons figurant Napoléon III se détachent sur la façade de la coutellerie Hamon, primée lors de l'Exposition universelle de 1855.
106 rue du Faubourg-du-Temple, 11e • 56 rue de Cléry, 2e

14

Dorin, fournisseur de la Cour

Fournir la cour royale de Versailles, ce n'était pas rien ! La tentation était grande pour les coquettes d'emboîter le pas à Marie-Antoinette, d'user des mêmes poudres, fards et pommades que la reine. La maison Dorin, fondée par une demi-mondaine passionnée de théâtre et consacrée par l'aristocratie européenne, fabriquait des cosmétiques et des parfums. Sa boutique de la rue du Grenier-Saint-Lazare vit défiler toute la noblesse de la fin du règne de Louis XVI. Les produits Dorin, aujourd'hui plus connus à l'étranger qu'en France, furent durant plusieurs décennies fabriqués dans une usine située à l'angle des rues de Wattignies et de Fécamp. Seule demeure l'enseigne ▶**14**, l'entreprise ayant déménagé à Colombes en 1936.

Angle des rues de Wattignies et de Fécamp, 12e

15

MACL

On voit sur certaines façades ces quatre lettres enserrées dans un cartouche ou un médaillon ▶**15-16**. Cet acronyme désigne une Maison Assurée Contre L'incendie (avec un L au lieu d'un I car le vieux français orthographiait: Lincendie). Ces plaques furent apposées au XVIIIe siècle alors que les compagnies d'assurances commençaient à se développer. La plupart étaient spécialisées: La Seine, fondée en 1838, assurait contre les accidents causés par les chevaux et les voitures; Le Phénix (1819) contre l'incendie (devenu AGF puis Allianz); L'Union (1828, devenue AXA) était une assurance-vie; La Préservatrice (1864) garantissait contre tous types d'accidents. Des plaques d'identification des compagnies fleurissaient sur les immeubles protégés par leurs soins. Une façon de se faire de la publicité tout en rassurant d'éventuels locataires. Elles soulignaient le standing et donc celui de leurs occupants, qui avaient les moyens de s'offrir une assurance. Enfin, propriétaires et assureurs y trouvaient également un intérêt commun, celui de faire fuir les pyromanes. Car si les incendies pouvaient être provoqués par la foudre ou l'éclairage public, il fallait aussi craindre les tentatives criminelles. Le principal mobile était alors la vengeance avec la volonté de ruiner la victime. En apposant ces plaques, le propriétaire dissuadait d'éventuels malveillants en leur rappelant qu'il serait indemnisé en cas de sinistre. La malice des Parisiens a pris pour cible les plaques MACL, les parodiant à l'envi. Avant la Révolution, MACL fut détourné en «Marie Antoinette Cocufie Louis». La Restauration fit fleurir un nouveau slogan: «Mes Amis Chassons Louis».

16

Coquilles, cafouillages & charabia

Les monuments les plus prestigieux n'échappent pas à de menues imperfections : abréviations surprenantes, imprécisions et inversions s'étalent sur leurs flancs.

17

Orthographe révolue

La cour d'honneur des Invalides possède septcadrans solaires ▸**17** répartis sur les façades sud, est et ouest. Mis enplace entre 1679 et 1770, ils sont d'une grande complexité. Ils s'accompagnent de légendes mettant en relief les usages orthographiques du siècle des Lumières: «Heurs Artificielles», «Heurs planétairs», «Grandeurs des nuicts», «Grandeurs des iours» (pour Grandes heures des jours), «Heures babiloniques», « heures Italiques»...

129 rue de Grenelle, 7e

SMS version 16.61

L'inscription en latin présente sur la frise du portique de l'Institut de France ▸**18** a de quoi déconcerter les plus érudits: IVL.MAZARIN.S.R.E.CARD. BASILICAM.ET.GYMNAS. F.C.A.MDCLXI.
La longueur du fronton limitant le nombre de caractères, l'inscription est tellement abrégée qu'elle en est devenue incompréhensible. En voici le développement, puis la traduction: IVL(ius).MAZARIN(us).S(anctœ).R(omanœ).E(ecclesiœ). CARD(inalis).BASILICAM. ET.GYMNAS(ium).F(aciemdum). C(uravit).A(nno).MDCLXI.1661. «Jules Mazarin, cardinal de la Sainte Église romaine, fit édifier une chapelle et un collège en 1661.» Ce procédé préfigure le langage SMS qui modifie les caractéristiques orthographiques d'une langue afin de réduire sa longueur.

23 quai de Conti, 6e

18

Abréviations, bis

Dans l'église des Soldats, aux Invalides, plusieurs plaques ▶**19** apposées sur des piliers rendent hommage à de hauts gradés, qualifiés pour certains d'« excellents pères de famille ». L'abondance de leurs titres de gloire obligea parfois les graveurs à faire appel aux abréviations. Le raccourci des mois (7bre, 8bre, 9bre, Xbre), surprenant, est une survivance du calendrier julien (supplanté en 1582 par le calendrier grégorien), qui faisait commencer l'année le 1er mars. Septembre était donc le septième mois (7bre), octobre le huitième, etc. Cette abréviation phonétique était couramment utilisée au XIXe siècle dans la correspondance épistolaire, les actes notariés et les registres d'état civil, mais plus rarement sur les plaques commémoratives.

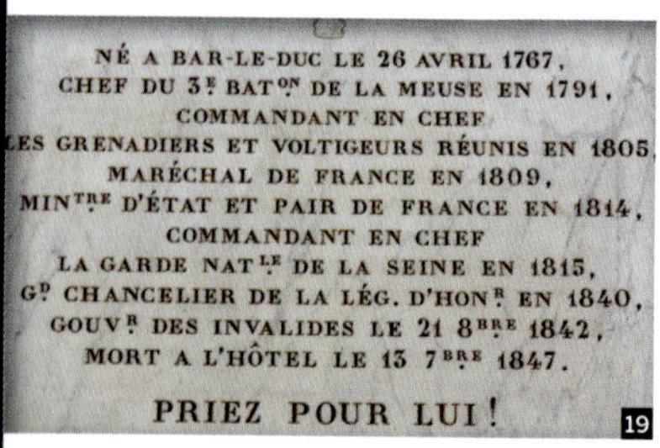

19

129 rue de Grenelle, 7e

Molière brouille les pistes

Dans un ultime pied de nez, le dramaturge s'amuse à nous égarer. Rue du Pont-Neuf, une plaque ▶**20** flanquée d'un buste affirme

20

21

que cette maison a été bâtie sur l'emplacement de celle où est né Jean-Baptiste Poquelin, en 1620. Or une autre plaque visible à une centaine de mètres, rue Saint-Honoré ▶**21**, affiche la même revendication, à ceci près que la date, plus précise, est celle du 15 janvier 1622, actes notariés à l'appui. La première plaque fut apposée en 1799 par Alexandre Lenoir, directeur du musée des Monuments français, guidé par un recoupement hasardeux d'archives. La seconde, fixée en 1876, s'appuie sur des fondements plus solides, sans certitude néanmoins. S'il est avéré que Jean-Baptiste y a grandi (à partir de 1636), rien ne prouve qu'il y est né. L'embrouillamini se poursuit rue de Richelieu. On y vit longtemps deux plaques, l'une au numéro 34, l'autre

22

au numéro 40, disant toutes deux que Molière était mort ici. Au moins étaient-elles d'accord sur la date: le 17 février 1673. Celle du numéro 40 ▸**22**, fixée en 1882, dit la vérité, attestée par des preuves décisives. Celle du numéro 34 fut opportunément placée en face de la fontaine dédiée à Molière, au moment même de son érection, en 1844, pour en justifier l'emplacement. Elle a récemment été retirée à l'occasion d'un ravalement de façade.

31 rue du Pont-Neuf, 1er • 96 rue Saint-Honoré, 1er • 34 et 40 rue de Richelieu, 1er

Erreur de graveurs

Dur métier que celui de graveur de pierre, exigeant adresse, minutie, régularité... L'artisan en charge de la plaque à l'angle du quai des

23

Grands-Augustins et de la rue Séguier ▸**23** a malencontreusement gravé un N à l'envers. Celui qui a commis la plaque de la rue Jean-Beausire ▸**24** a mal calculé l'encombrement – le E final se retrouvant perché au-dessus du R.

Angle du quai des Grands-Augustins et de la rue Séguier, 6e • Rue Jean-Beausire, 4e

24

Le scandale des oubliés

En 1835, l'Arc de triomphe de l'Étoile venait de sortir de terre, imposant mais... désastreusement nu. Les parois, à l'intérieur des arcades, semblaient bien vides. L'idée germa d'y inscrire les noms des batailles et des généraux de la République et de l'Empire. Une commission se réunit pour en dresser la liste. 384 noms furent établis puis gravés, non pas dans l'ordre alphabétique mais selon une savante hiérarchie tenant compte, entre autres critères, du lieu de la bataille et du grade militaire. On prit soin de souligner le nom des héros morts au champ d'honneur ou des suites de leurs blessures. Mais aussitôt après l'inauguration, des lettres affluèrent au ministère de l'Intérieur: on s'indignait de ne pas voir figurer le nom de tel père

ou tel fils. Chaque cas fut étudié et le tableau maintes fois rectifié ▶**25**, ce qui encouragea d'autres réclamations. On ajouta comme on put les nouveaux venus. Ainsi Jérôme et Louis Bonaparte, frères de l'Empereur, omis dans un premier temps, furent-ils casés en hauteur, entre deux fioritures. Les dernières récriminations furent émises et satisfaites en 1895, arrêtant la liste à 660 généraux et 128 batailles.

Place Charles-de-Gaulle-Étoile, 8ᵉ, 16ᵉ et 17ᵉ

Coquilles et boulettes

Sur cette liste de 788 noms propres, on relève environ 200 erreurs : nom incomplet, particule absente, mauvaise accentuation, césure malvenue, regroupement de deux patronymes en un seul, fautes d'orthographe (52 au total). Ainsi les fils du général Chasseloup réclamèrent que le nom de Laubat soit ajouté à celui de Chasseloup pour le distinguer d'un homonyme, adjudant général. Ce qui fut fait, en mode minimaliste, en abrégé et en exposant. Pigeon fut rectifié en Pijon mais il fallut pour cela changer le bloc de pierre ▶**26**, etc. Les rustines lapidaires et les N bizarrement gravés trahissent maintes retouches. Précisons à la décharge des scripteurs que l'immuabilité des noms de famille en France ne fut imposée que par la loi du 23 août 1794 et définitivement appliquée lors de la création des livrets de famille en 1877.

Place Charles-de-Gaulle-Étoile, 8ᵉ, 16ᵉ et 17ᵉ

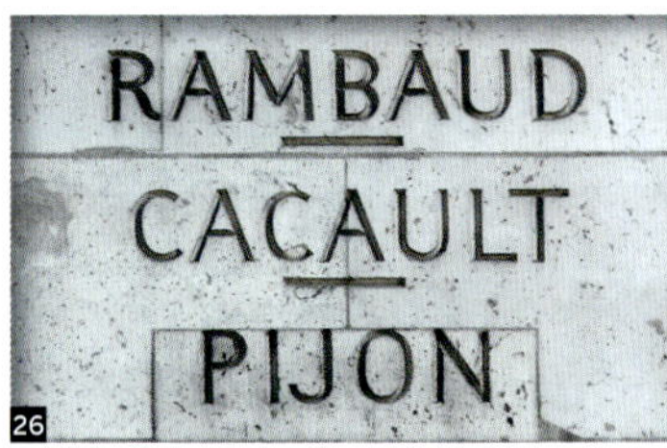

Églises républicaines

Cinq églises parisiennes (et moins d'une centaine en France) sont marquées du triptyque « Liberté, Égalité, Fraternité » ▶**27-28**. Cette devise républicaine fut inscrite à la suite de la loi de séparation de l'Église et de l'État, en 1905. Concrètement, l'État n'assurait plus le salaire des prêtres ni l'entretien des églises, qui appartenaient désormais aux communes. La seule obole des fidèles ne suffisant pas à assurer des travaux de rénovation, les communes durent mettre la main à la poche et l'inscription de la devise fut bien souvent exigée par la mairie en échange d'une

27

28

30

restauration de l'édifice. Au fil des décennies, ces proclamations républicaines tendirent à disparaître, les représentants du clergé montrant peu d'empressement à les restaurer. Plus rare est le blason aux armes de la Ville de Paris ▶**29** présent sur le flanc de l'église Notre-Dame d'Auteuil, construite en 1877 contre l'avis d'une municipalité, fortement anticléricale. L'abbé Lamazou déploya toute son énergie et apporta même ses propres deniers pour achever l'édifice. Il dut néanmoins accepter le compromis du scellement d'un blason aux armoiries de la Ville de Paris auréolé d'étoiles (au lieu des traditionnelles fleurs de lys). Les choses se passèrent tout autrement à l'église Saint-Bernard-de-La-Chapelle. L'édifice, dont la construction débuta en 1858, devait être à l'origine plus modeste. Mais quand survint l'annexion, la municipalité parisienne offrit en cadeau de bienvenue au village de La Chapelle un porche pour sa nouvelle église. Plus curieux encore : le maire et les conseillers municipaux de l'ancienne commune de La Chapelle, son curé et l'architecte se sont, à la manière médiévale, représentés sur les chapiteaux des piliers de la nef et du chœur ▶**30**.

29

Cathédrale Sainte-Croix-des-Arméniens, 13 rue du Perche, 3e • Église Saint-Julien-le-Pauvre, 79 rue Galande, 5e • Chapelle expiatoire, 29 rue Pasquier, 8e • Église Notre-Dame-de-Lorette, 1 rue Fléchier, 9e • Église Saint-Jean-Baptiste, 139 rue de Belleville, 19e • Église Notre-Dame d'Auteuil, rue Wilhem, 16e • Église Saint-Bernard-de-La-Chapelle, 11 rue Affre, 18e

Signatures & Épigraphes

Si les peintres et les sculpteurs ont pour habitude de signer leurs œuvres, l'usage est moins répandu chez les architectes. Quand ils le font, c'est parfois de manière déguisée, sous forme de rébus, de statue à leur image (voir p. 105) ou de clins d'œil allusifs.

Subtiles arabesques

Charles Garnier, architecte de l'Opéra, signa son œuvre d'une façon aussi discrète que tarabiscotée. Il faut basculer la tête en arrière, dans la rotonde des Abonnés, pour lire au centre de la rosace du plafond: « Louis Charles Garnier, architecte de l'Opéra de Paris, 1860-1874 » ▸**31**. Lire ou plutôt déchiffrer car les lettres sont disposées de façon circulaire dans une forêt d'entrelacs.

8 rue Scribe, 9e

31

Disgrâce affichée

Hector Guimard dessina plusieurs modèles-types de bouches de métro (le pavillon, l'édicule, l'entourage à balustrade, porte-enseigne et candélabres), produits en série grâce à la fabrication de modules standardisés et à l'utilisation de la fonte. Près de 150 accès Guimard furent installés au début du XXe siècle. Il n'en reste que 86, tous protégés au titre des Monuments historiques. Ces accès se caractérisent par deux tiges (surnommées « brins de muguet ») encadrant une plaque émaillée portant la mention « Métro » ou « Métropolitain » et, en tout petit: « Hector Guimard, architecte » ▸**32**. Du moins pour les accès installés avant 1904 car, au-delà de cette date, la signature n'apparaît plus en raison de la cote d'amour en chute libre de l'architecte.

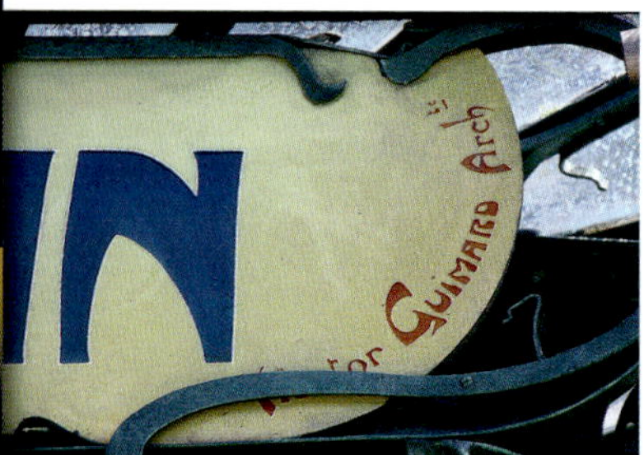

32

Verlan

Au Louvre, deux félins de bronze, placides et sereins, encadrent la bien nommée porte des Lions. Sur l'un, la signature du sculpteur : Barye. Sur l'autre, cette même signature mais comme lue dans un miroir (eyraB) ▸**33**. Cela indique qu'il s'agit d'une copie, réalisée en 1867, réplique fidèle mais inversée du lion de Barye commandé à l'origine par Louis-Philippe en 1836 pour orner une porte du palais des Tuileries.

Quai François-Mitterrand, 1er

Épigraphes

Ainsi désigne-t-on les inscriptions sur la façade d'un édifice comportant notamment la date de construction et le nom de son architecte (maître d'œuvre). Généralement gravées à même la pierre, elles peuvent aussi figurer sur une plaque. La plus ancienne (1830) ▸**34** est visible au 8 boulevard Poissonnière (9e). Peu nombreuses jusqu'en 1859, les épigraphes se sont multipliées ▸**35** (*voir page suivante*), atteignant un pic vers 1868, pour décroître dans les années 1930. À la date de construction et au nom de l'architecte s'ajoute parfois l'adresse personnelle de ce dernier ▸**36**. Cela, dit-on, pour mettre fin aux sonneries intempestives de passants qui pensaient que l'architecte habitait là.

8 rue Ernest-et-Henri-Rousselle, 13e

Emm Brun
Architecte. B.A.P.
1902. Paris

Bastier Fils
Constructeur

ARCHITECTES
1882

CH. VAN-PÉTÉGHEM · ARCHITECTE · PARIS ·

J. BUKIET
1935
architectes
1995
BADIA BERGER

CH·A·MOST
Architecte
Paris 1903

JOACHIM RICHARD
ARCHITECTE
1907

ROB·MALLET-STEVENS
ARCHITECTE 1927
A·LAFOND·ENTREPREN

35

Plaques à côté de la plaque

Les cartouches émaillés à fond bleu azur et encadrement vert bronze, emblématiques de la capitale, comptent une poignée d'éléments rebelles, plus ou moins officieux.

37

Voies anonymes

AA/12, B/15, M/19... Nombre de ruelles et passages n'ont jamais été baptisés. Quand une voie de circulation est créée mais qu'aucune candidature d'appellation ne se présente de prime abord, les édiles lui attribuent un nom de code composé d'une ou deux lettres, d'une barre oblique et du numéro d'arrondissement ▸**37**.

Phylactères

La voie ED/13 fut baptisée en 2001 « rue René-Goscinny ». Aux intersections, des plaques s'accompagnent de citations de ses personnages vedettes: Astérix, Lucky Luke, Iznogoud et le Petit Nicolas.

38

Des inscriptions s'affichent aussi sur les poteaux d'éclairage et dans le bitume du trottoir ▸**38**.

Rue René-Goscinny, 13e

39

Abs-nc-

En 2012, une plaque ▸**39** fut apposée place Saint-Sulpice, sur la façade du Café de la Mairie, là même où Georges Perec s'attabla trois jours d'affilée pour écrire sa *Tentative d'épuisement d'un lieu parisien*. Les espaces vides de la plaque évoquent la contrainte que s'était imposée l'oulipien dans son roman lipogrammatique *La Disparition*: à savoir l'éviction de la lettre « E ».

8 place Saint-Sulpice, 6e

Calibrage bancal

Les plaques, naguère composées à la main, sont désormais calibrées par ordinateur. Les notions

40

d'esthétique, d'harmonie et de lisibilité sont étrangères au logiciel. Pour preuve, la plaque à l'angle de la rue du Faubourg-Montmartre et de la rue de Châteaudun (9e) ▸**40**, illisible depuis le trottoir d'en face. Même constat pour l'encombrant carrefour de la Croix-Rouge (6e) ▸**41** qui d'évidence mériterait un autre traitement.

41

42

Vous êtes ici

Un prototype de plaque signalétique ▸**42** accompagnée d'un plan a été installé il y a quelques années non loin du Louvre. Il n'a pas dû se révéler convaincant car l'initiative n'a pas connu de suite.

Rue Jean-Jacques-Rousseau, 1er

43

Borne kilométrique

Banale sur une route de campagne, la borne kilométrique est devenue une denrée rare à Paris, voire une espèce en voie de disparition. Quatre bornes en fonte ▶**43** subsistent, rares témoignages du passage des routes nationales hexagonales dans Paris intra muros. Deux sont situées sur l'ancienne route d'Orléans c'est-à-dire la RN20, qui débute aujourd'hui à Montrouge, au-delà du périphérique. Une autre borne se trouve sur la RN10, vers la Maison de Radio-France.

15 et 73 avenue du Général-Leclerc, 14e • 219 rue de Vaugirard, 15e (derrière une vitre) • Avenue du Président- Kennedy, 16e

Résidence d'artistes

À en croire l'interphone ▶**44** protégeant l'accès à la résidence du Moulin de la Galette, Modigliani, Rodin, Renoir, Goya, Foujita et bien d'autres défunts artistes habiteraient à cette adresse. Les privilégiés qui vivent ici, parmi lesquels plusieurs VIP – réalisateurs, acteurs et comédiens – misent sur ce subterfuge pour préserver leur tranquillité.

3 avenue Junot (à côté du Théâtre Lepic), 18e

44

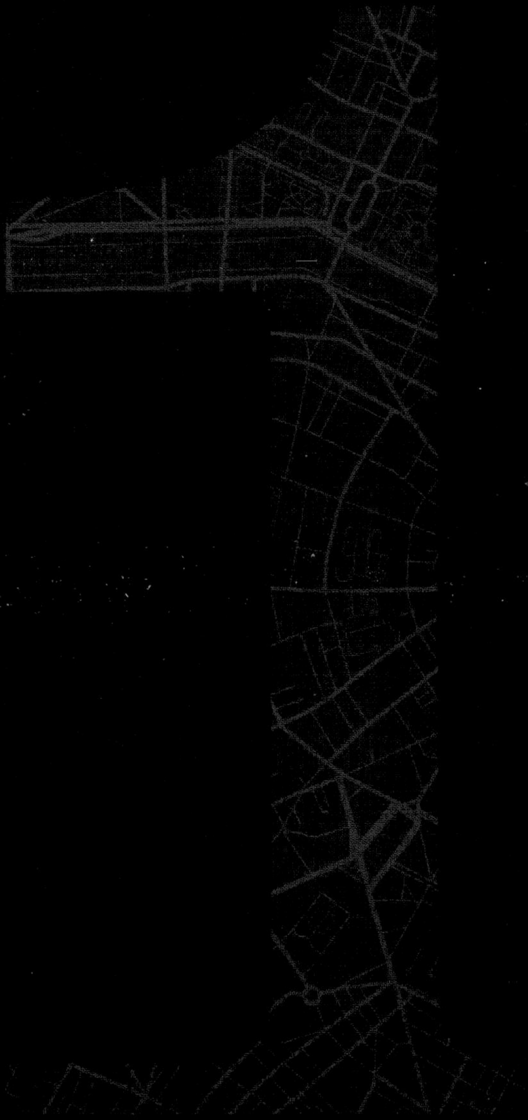

LIEUX FRAPPÉS D'ÉTRANGETÉ

Comment qualifier ces adresses propres à désarçonner le quidam ? Leurs contours flous et le clair-obscur qui les enveloppent, au sens propre comme au figuré, en font des zones hors du commun.

Décor de polar

A-t-il un nom, ce bout de quai assurant la jonction entre la Seine et le bassin de l'Arsenal ▸**1** ? Nul ne semble s'être soucié de lui en donner un. L'atmosphère qui règne dans cette zone en vague déshérence est étrange, passablement inquiétante. Au milieu se trouve une écluse chapeautée par trois ponts. Au vrombissement des autos et des motos répond le grincement des rames qui amorcent leur virage vers le quai de la Râpée, en contournant l'Institut médico-légal. Un vrai décor de polar peuplé d'ombres interlopes, de ferrailles rouillées et de pavés suintants.

Sous le pont Morland, 4e

Les boyaux des Olympiades

L'exotisme palpite dans les rues bigarrées du Triangle d'or mais pour atteindre un summum de dépaysement il faut s'aventurer dans ses sous-sols. La rue du Disque, qui n'est autre qu'un tunnel, abrite l'autel du culte de Bouddha ▸**2**, un temple toujours très animé dans lequel des papys

3

chinois font claquer leurs pions de *xiang-qi* (échecs) sur des tables de fortune. Plus étonnant encore, le gigantesque marché ▸**3** qui brasse chaque mardi et jeudi des tonnes de denrées alimentaires sous la dalle des Olympiades. Depuis la rue Nationale, on y accède par une rampe qui longe un no man's land. Dans un parking aux boyaux sans fond (qui était l'ancienne gare de marchandises des Gobelins) stationnent des dizaines de camions dans un univers de palettes, d'entrepôts et de sociétés vendant en gros et demi-gros. Des parfums se mélangent: odeurs de menthe fraîche, de durian, de cartons, de choux, d'essence… Dans ce Rungis underground à la sauce asiatique viennent se fournir les restaurateurs de la région. Pour les particuliers, c'est un peu plus compliqué; il faut ensuite trouver un emploi à ce cageot entier de *pak choi*…

Autel du culte de Bouddha, 37 rue du Disque (entrée au niveau du 70 avenue d'Ivry), 13e • « Rungis asiatique », entrée face au 20 rue Nationale, 13e

Tunnel des artisans

La gare de la Râpée, construite dans les années 1860-1870, desservait les entrepôts de Bercy. Située le long des voies qui mènent à la gare de Lyon, elle recevait les alcools (vins et spiritueux) venant du Midi par wagons-citernes. La fermeture des entrepôts au début des années 1970 entraîna l'arrêt de l'activité de cette gare unique en son genre. Les bâtiments furent cédés par la SNCF

4

à la Ville de Paris et rebaptisés « Halle Râpée ». Le niveau inférieur ▸**4**, le plus atypique, est soutenu par six voûtes dont l'épaisseur des murs de pierre et la proximité du fleuve assurent une température constante de 13 degrés, idéale pour la conservation du vin. Ce lieu que l'on surnomme « le tunnel des artisans » abrite aujourd'hui, sur 1,5 kilomètre de long, une trentaine d'entreprises diverses, séduites par les atouts d'une cave naturelle (maraîchers, primeurs, négociants en vins) ou par l'absence d'un environnement sensible aux nuisances sonores (menuisiers, ferronniers, tailleurs de pierres, musiciens). Il s'en dégage une ambiance de polar des années 1950 (chauves-souris comprises), mise à profit lors de tournages de films ou de clips. Le site, à la fois lieu de mémoire ferroviaire et ruche artisanale active, est cependant menacé de destruction dans le cadre du projet Bercy-Charenton.

86 rue Baron-Le-Roy, 12e

Tunnel fluvial

Le canal Saint-Martin était à l'origine entièrement à ciel ouvert, depuis le bassin de la Villette jusqu'à la Seine. En 1860, Haussmann en fit couvrir un large tronçon, presque la moitié. Officiellement, sa décision visait à fluidifier un trafic routier en pleine

5

expansion. Une raison officieuse s'y ajoutait, consistant à priver d'éventuels émeutiers de la tranchée du canal susceptible de les protéger de la troupe, comme ce fut le cas lors des émeutes de 1848. Les bateaux circulent désormais dans un tunnel ▶**5** de près de 2 kilomètres de long, éclairé par une trentaine d'oculi. Ces faisceaux de lumière jaillissant de la voûte en pointillé produisent un effet saisissant, féerique... ou angoissant, c'est selon.

Embarcadère du port de l'Arsenal, 4e

6

© DR

Pont du Diable

Le pont Notre-Dame fut le témoin (pour ne pas dire la cause) de tant d'accidents que les mariniers le surnommèrent « pont du Diable ». Ce qualificatif perdura jusqu'en 1913, date à laquelle trois des cinq arches primitives furent remplacées par une seule travée métallique, au centre. La dimension des arches latérales en pierre témoigne de l'étroitesse du passage dans la disposition d'origine, d'autant qu'une pompe hydraulique obstruait deux travées. Accoudez-vous au parapet du quai en amont du pont pour plonger le regard vers la base de la pile en pierre ▶**6**. Une spirale hypnotique de tourbillons se noue, se dénoue et se renoue sans cesse, celle-là même que l'inspecteur Javert contempla avant de se jeter à l'eau. « La Seine fait là, entre le pont Notre-Dame et le pont au Change d'une part, et d'autre part entre le quai de la Mégisserie et le quai aux Fleurs, une sorte de lac carré traversé par un rapide. Ce point de la Seine est redouté des mariniers. Rien n'est plus dangereux que ce rapide, resserré à cette époque et irrité par les pilotis du moulin du pont, aujourd'hui démoli. Les deux ponts, si voisins l'un de l'autre, augmentent le péril; l'eau se hâte formidablement sous les arches. Elle y roule de larges plis terribles; elle s'y accumule et s'y entasse; le flot fait effort aux piles des ponts comme pour les arracher avec de grosses cordes liquides. Les hommes qui tombent là ne reparaissent pas; les meilleurs nageurs s'y noient» (Extrait des *Misérables* de Victor Hugo, 1862). Javert n'y manqua pas.

Pont Notre-Dame, 4e

7

Maison Frochot

Que de drames et de phénomènes étranges se sont déroulés derrière les vitraux bleutés de ce castel néogothique ▶**7** ! Il est entré dans la légende en recueillant le dernier souffle du compositeur Victor Massé, mort de la maladie de Charcot en 1884. Une femme en hérita, qui fut sauvagement assassinée à coups de tisonnier. Le coupable ne fut jamais retrouvé. Mise sous scellés pendant trente ans, la demeure gagna le statut de maison hantée. À la fin des années 1970, Sylvie Vartan l'acheta pour la quitter aussitôt – «mal à l'aise». Son successeur mourut rapidement de la maladie de Charcot. Un exorcisme pratiqué vers 1986 semble avoir eu raison de la malédiction.

1 avenue Frochot, 9e

Échangeur de la porte de Bagnolet

Pourquoi traîner ses guêtres dans cette zone immense, bruyante, poussiéreuse, espace résiduel a priori hostile à l'*homo pedibus*? Parce que c'est une infrastructure passionnante en termes d'urbanisme, qui nous confronte aux choix d'aménagement urbain des années 1970. L'échangeur de l'autoroute A3 ▶**8**, avec ses huit bretelles et le double de ponts et de viaducs, a été conçu dès le départ comme un lieu qui ne serait pas exclusivement réservé à la circulation automobile. Le piéton devait pouvoir y faire halte, prendre son temps en le franchissant. Une promenade guidée par les membres de l'association À travers Paris décortique cette optique révolutionnaire, entre réussites et échecs de ses partis pris.

Porte de Bagnolet, 20e

8

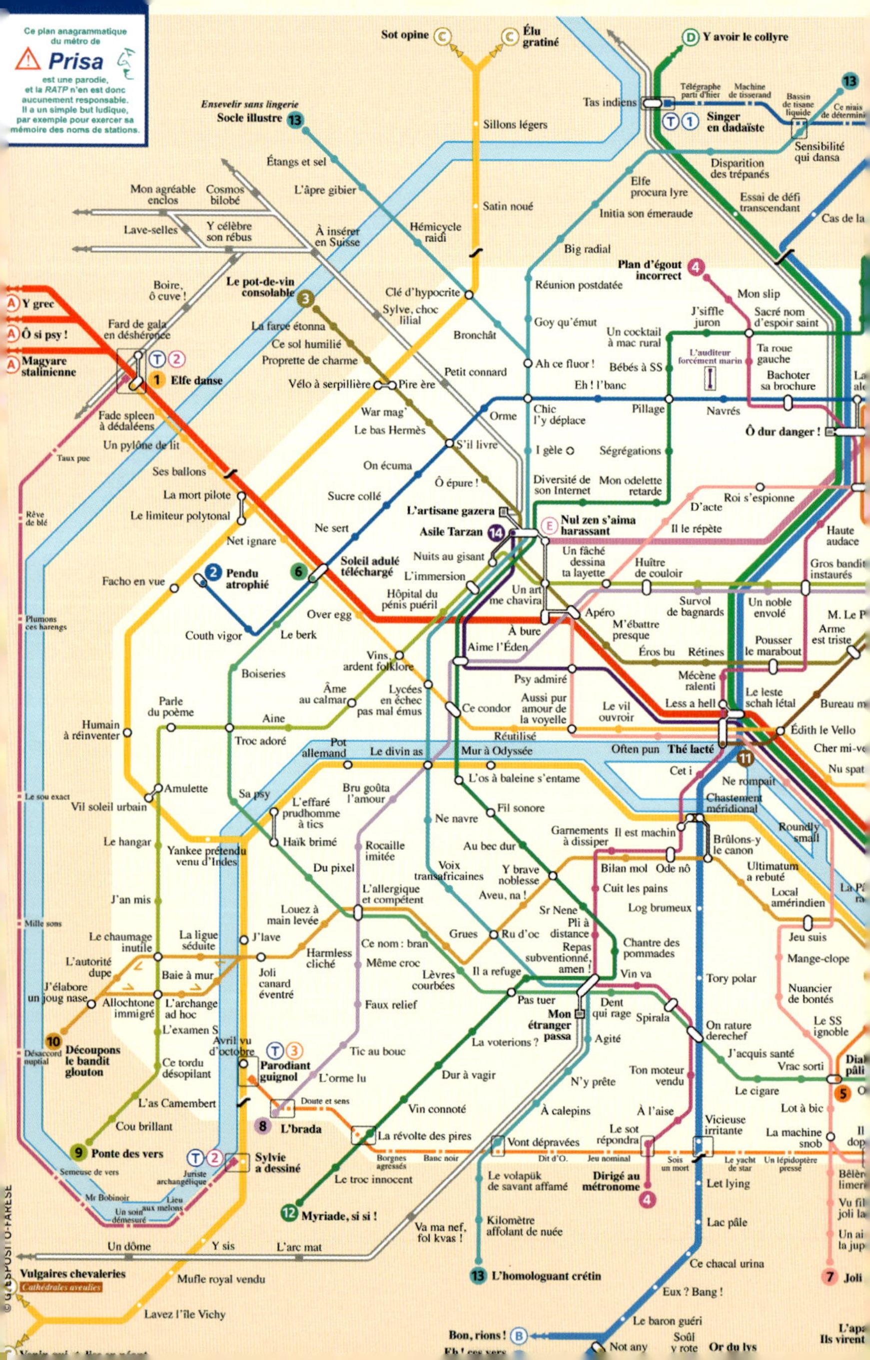
Ce plan anagrammatique du métro de
Prisa
est une parodie, et la RATP n'en est donc aucunement responsable. Il a un simple but ludique, par exemple pour exercer sa mémoire des noms de stations.
Sot opine
Élu gratiné
Y avoir le collyre
Ensevelir sans lingerie
Socle illustre
Silllons légers
Tas indiens
Télégraphe parti d'hier
Machine de tisserand
Bassin de tisane liquide
Ce niais de déterminé
Singer en dadaïste
Sensibilité qui dansa
Étangs et sel
L'âpre gibier
Mon agréable enclos
Cosmos bilobé
Lave-selles
Y célèbre son rébus
À insérer en Suisse
Hémicycle raidi
Satin noué
Disparition des trépanés
Elfe procura lyre
Essai de défi transcendant
Initia son émeraude
Cas de la
Big radial
Plan d'égout incorrect
Boire, ô cuve !
Le pot-de-vin consolable
Clé d'hypocrite
Réunion postdatée
Mon slip
Y grec
Ô si psy !
Magyare stalinienne
Fard de gala en déshérence
La farce étonna
Ce sol humilié
Proprette de charme
Sylve, choc lilial
Bronchât
Goy qu'émut
J'siffle juron
Sacré nom d'espoir saint
Un cocktail à mac rural
L'auditeur forcément marin
Ta roue gauche
Elfe danse
Vélo à serpillière
Pire ère
Petit connard
Ah ce fluor !
Bébés à SS
Bachoter sa brochure
Eh ! l'banc
Fade spleen à dédaléens
War mag'
Orme
Chic l'y déplace
Pillage
Navrés
Ô dur danger !
Le bas Hermès
Un pylône de lit
Taux puc
S'il livre
I gèle
Ségrégations
Ses ballons
On écuma
Ô épure !
Diversité de son Internet
Mon odelette retarde
Roi s'espionne
La mort pilote
Sucre collé
L'artisane gazera
D'acte
Le limiteur polytonal
Rêve de blé
Asile Tarzan
Nul zen s'aima harassant
Il le répète
Haute audace
Ne sert
Net ignare
Nuits au gisant
Un fâché dessina ta layette
Huître de couloir
Gros bandit instaurés
Soleil adulé téléchargé
Pendu atrophié
Facho en vue
L'immersion
Un art me chavira
Hôpital du pénis puéril
Survol de bagnards
Un noble envolé
M. Le P
Apéro
M'ébattre presque
Arme est triste
Plumons ces harengs
Over egg
À bure
Couth vigor
Le berk
Aime l'Éden
Éros bu
Rétines
Pousser le marabout
Vins, ardent folklore
Boiseries
Psy admiré
Mécène ralenti
Âme au calmar
Lycées en échec pas mal émus
Le leste schah létal
Bureau m
Parle du poème
Ce condor
Aussi pur amour de la voyelle
Le vil ouvroir
Less a hell
Humain à réinventer
Aine
Réutilisé
Édith le Vello
Troc adoré
Pot allemand
Le divin as
Mur à Odyssée
Often pun
Thé lacté
Cher mi-ve
Cet i
Nu spat
L'os à baleine s'entame
Ne rompait
Amulette
Le sou exact
Vil soleil urbain
Sa psy
Bru goûta l'amour
L'effaré prudhomme à tics
Fil sonore
Chastement méridional
Ne navre
Garnements à dissiper
Il est machin
Roundly small
Le hangar
Yankee prétendu venu d'Indes
Haïk brimé
Rocaille imitée
Au bec dur
Brûlons-y le canon
Bilan mol
Ode nô
Voix transafricaines
Y brave noblesse
Ultimatum a rebuté
Du pixel
Cuit les pains
La Pi ra
J'an mis
L'allergique et compétent
Aveu, na !
Local amérindien
Louez à main levée
Log brumeux
Mille sons
Sr Nene
Pli à distance
Jeu suis
Le chaumage inutile
La ligue séduite
J'lave
Ce nom : bran
Grues
Ru d'oc
Chante des pommades
Harmless cliché
Mange-clope
L'autorité dupe
Même croc
Repas subventionné, amen !
Baie à mur
Joli canard éventré
Il a refuge
Vin va
J'élabore un joug nasé
Lèvres courbées
Tory polar
Allochtone immigré
L'archange ad hoc
Nuancier de bontés
Faux relief
Pas tuer
Dent qui rage
Spirala
Mon étranger passa
Le SS ignoble
Découpons le bandit glouton
L'examen S
Avril vu d'octobre
On rature derechef
Désaccord nuptial
La voterions ?
Agité
J'acquis santé
Ce tordu désopilant
Parodiant guignol
Tic au bouc
Vrac sorti
L'orme lu
Dur à vagir
Ton moteur vendu
N'y prête
Le cigare
L'as Camembert
Doute et sens
À calepins
À l'aise
Lot à bic
Vin connoté
Cou brillant
L'brada
Vicieuse irritante
La révolte des pires
Le sot répondra
La machine snob
Vont dépravées
Ponte des vers
Sylvie a dessiné
Borgnes agressés
Banc noir
Dit d'O.
Jeu nominal
Sois un mort
Le yacht de star
Un lépidoptère pressé
Semeuse de vers
Juriste archangélique
Le troc innocent
Le volapük de savant affamé
Dirigé au métronome
Let lying
Mr Bobinoir
Lieu aux melons
Un soin démesuré
Myriade, si si !
Kilomètre affolant de nuée
Lac pâle
Va ma nef, fol kvas !
Un dôme
Y sis
L'arc mat
Ce chacal urina
Vulgaires chevaleries
Cathédrales aveulies
Mufle royal vendu
Eux ? Bang !
Lavez l'île Vichy
Le baron guéri
Bon, rions !
Not any
Soûl y rote
Or du lys
L'ap Ils virent
Joli
© G. ESPOSITO-FARÈSE

INDEX DES RUES

1er ARRONDISSEMENT

2e ARRONDISSEMENT

3e ARRONDISSEMENT

4e ARRONDISSEMENT

5e ARRONDISSEMENT

6e ARRONDISSEMENT

7e ARRONDISSEMENT

8e ARRONDISSEMENT

9e ARRONDISSEMENT

10e ARRONDISSEMENT

18e ARRONDISSEMENT

19e ARRONDISSEMENT

20e ARRONDISSEMENT

BANLIEUE

J'adresse de sincères remerciements à:

Jean-Paul Devienne, qui peut-être me pardonnera un jour le titre de ce livre, si proche de son blog Paris-bise-art, riche d'insolites pépites,

Gilles Esposito-Farèse, pour m'avoir aimablement autorisée à reproduire son plan anagrammatique,

Jean-Michel Frouin, artiste de la Ty2, pour le récit de son épopée,

Vincent Tailhardat, qui m'a ouvert les portes du clocher de l'église Notre-Dame-de-la-Croix et détaillé ses fresques,

Et Gaëlle Savery, complice d'une mémorable virée votive au Père-Lachaise.

ÉDITION REVUE ET CORRIGÉE EN AVRIL 2024

Édition : François Besse
Suivi éditorial : Mathilde Kressmann
Préparation-correction : Aude Gandiol
Relecture : Aude Payzan
Direction artistique : Isabelle Chemin
Maquette : Anne Delbende

Achevé d'imprimer en France en août 2024
par SEPEC - 12535240601

ISBN : 978-2-37395-252-0
Dépôt légal : septembre 2024

PEFC
10-31-1470